JN415754

AI와 외교

인공지능총서

인공지능 시대입니다. 기계가 인간의 인지를 대신하고, 사물이 인간을 통하지 않고 다른 사물과 직접 커뮤니케이션합니다. 이에 따른 인간 삶과 문명 변화를 정확히 이해·예측·대응하는 것은 이 시대 우리 모두의 과제입니다. 인공지능총서는 인공지능 기술과 환경의 여러 주제를 10가지 키워드로 정리합니다. 관련 개념과 이론, 학계와 산업계의 쟁점, 우리 일상의 변화를 다룹니다. 인간과 기술의 현재, 미래를 세심히 분석합니다.

일러두기

- 인명, 작품명, 저서명, 개념어 등은 한글과 함께 괄호 안에 해당 국가의 원어를 병기했습니다.
- 외래어 표기는 현행 어문규정의 외래어표기법을 따랐습니다.

처음이세요?

전문가세요?

AI와 외교

김호철

대한민국, 서울, 커뮤니케이션북스, 2025

AI와 외교

지은이 김호철
펴낸이 박영률

초판 1쇄 펴낸날 2025년 7월 31일

커뮤니케이션북스(주)
출판 등록 2007년 8월 17일 제313-2007-000166호
02880 서울시 성북구 성북로 5-11
전화(02) 7474 001, 팩스(02) 736 5047
commbooks@commbooks.com
www.commbooks.com

ISBN 979-11-430-0652-3 03500

책값은 뒤표지에 표시되어 있습니다.

차례

AI 시대 외교

인공지능(이하 'AI') 발전으로 인류는 문명사적 변혁기를 맞이하고 있다. AI가 우리 삶의 모든 측면에 영향을 미치며 국제 관계와 외교도 예외가 아니다. 국가 간 권력의 지정학 구도가 근본적으로 변화하고, 외교 · 안보, 평화 · 질서의 다양한 영역에 걸쳐 새로운 도전을 제기한다. 이 글은 AI 시대 국제 관계의 변화를 다각적으로 짚어 보고, 국제 사회가 새로운 질서를 형성하는 과정에서 부딪치는 도전 과제와 외교의 새로운 패러다임을 서술하고자 한다.

국제 관계: 기술 권력, 가치 경쟁, 경제 책략

AI 기술이 글로벌 권력 게임에 변화를 가져오고 있다. 국가의 미래 경쟁력을 좌우할 AI 기술을 선점하려는 경쟁은 기업을 넘어 강대국 간 치열한 전략 경쟁으로 확산되고 AI 경제 책략을 구사하며 새로운 질서를 형성해 가고 있다. 기술이 국제 정치에서 주요 변수로 부상하면서, 종전 군사력 중심의 권력 개념이 재구성되고, 국제 무대에서 기술 경쟁, 가치 경쟁, 공급망 경쟁이 복합적으로 전개된다.

1장은 AI 시대 미중 기술 패권 경쟁의 전개와 그에 따른 국제 정치 변화를 소개한다. 강대국의 흥망성쇠는 기술의 변화에서 시작되어 왔다. 1차 산업 혁명 시기 영국의 증기 기관, 2차 산업 혁명 시기 미국의 대량 생산, 3차 산업 혁명 시기에는 일본의 반도체 · 전자 기술이 주역이었으며, 4차 산업 혁명 시대에는 AI가 그 핵심에 있다. 기술 지정학 측면에서, 지금의 미중 경쟁은 과거 강대국 간 물리적 충돌로 권력 구조를 재편하려는 패권 경쟁과는 달리, 패권국이 전략적 수단을 총동원하여 도전국을 억제하여 기술 주도권을 유지하려는 전략 경쟁(strategic competition)이다. 이러한 기술 기반 전략 경쟁이 규범, 데이터, 플랫폼 등 다층적으로 전개되며, 미국과 중국을 중심으로 외교적 · 전략적 목표를 달성하기 위해 경제적 수단을 동원하는 경제 책략(economic statecraft)의 시대가 펼쳐지고 있다.

2장은 AI의 민주적 담론이 국제 정치에서 어떻게 다루어지는지 살펴본다. AI 기술이 민주주의 가치에 부합하게 개발 · 활용되어야 하지만, 이러한 기술이 권위주의 정부가 예방적 억압을 효과적으로 시행하는 데 활용되어 시민의 자유와 권리를 억압하는 수단이 되기도 한다. 특히, 안면 인식 등 AI 기반 감시 및 사회 신용 체계 도입을 둘러싸고 '민주주의 대 권위주의'의 이념·가치 경쟁 전선이 형성되고 있다. AI 기술의 발전이 대의 민주주의의 한계를 개선하는 데 기여할 것인지 아니면 알고리즘을 주도하는 빅 브라더에 의한 데이터 독점의 알고크라시(algocracy)를 가져올 것인지에 대한 다양한 담론적 논의가 있으며, 이는 국제 정치와 각국 외교 정책에도 영향을 미친다.

3장은 미국 주도 AI·반도체 공급망 재편 전략과 그로 인한 국제 정치 환경 변화를 살펴본다. AI 공급망은 반도체, 데이터, 알고리즘, 생태계 등이 연결된 기술 체계다. 미국은 자국의 기술 안보와 지정학 차원에서 반도체를 중심으로 AI 공급망 재편에 나서고 있다. 공급망이 단순한 경제적 자산이 아니라 전략적 영향력의 수단이 되었으며, 기술·경제·안보 융합형 외교 모델을 요구하고 있다. AI 공급망은 산업 정책을 넘어 21세기 국제 정치의 핵심 의제가 되었다. 공급망 재편을 위한 전략적 수단으로 수출 통제가 활용된다. 국제 수출 통제 체제로는 바세나르 체제(WA) 등이 있으며, 참여국은 국제 합의에 따라 전략 물자를 지정·운영한다. 미국의 대중국 AI·

반도체 수출 통제는 중국의 첨단 기술 확보를 저지하기 위한 조치이며, 미 의회에서 초당적 지지를 보이고 있어 향후에도 강화될 조짐이다. 이에 따라, 미국 중심의 서방 진영과 중국 · 러시아 중심의 권위주의 진영 간에 공급망이 점차 분리되고 있다.

외교·안보: 초연결, 신흥 안보, 자율 무기

AI 확산으로 외교 · 안보의 대상과 방식이 근본적으로 바뀌었다. 사람, 기기, 정보가 실시간 연결되는 초연결 사회는 가상 공간의 부상, 기술의 권력화, AI 신흥 안보 위협, 자율 무기화 경쟁 등 새로운 기회와 위협을 가져온다. AI 시대의 외교관은 전통적인 국가 간 관계와 소통의 역할과 함께, 디지털 기술을 외교에 전략적으로 활용하고, AI로 인한 신흥 안보로 외교적 대응을 확장하며, 자율 무기화 군비 경쟁을 제어할 글로벌 협력을 도출해야 한다.

4장은 초연결 사회에서 외교의 대상과 방식이 어떻게 재구성되고 있는지 설명한다. 초연결 사회는 디지털 기술로 실시간 연결되는 네트워크 사회다. 실시간 연결성, 상호 의존성, AI 자동화를 특징으로 한다. 초연결 환경에서 외교의 초점이 전통적인 군사력에서 디지털 기술,

정보 흐름, 사이버 보안, 데이터 주권 등으로 이동하고, 디지털 기술 협력, 사이버 · 데이터 안보 협력, 디지털 민주주의 촉진이 중요하게 다루어진다. 기술 자체가 외교적 힘이 되고 기술 기업이 권력으로 등장함에 따라 기술 외교(tech diplomacy)가 재구성된다. 외교 방식도 디지털 소통을 결합한 디지털 외교(digital diplomacy)가 보편화되었고, AI 기반 디지털 외교 2.0으로 진화하고 있다.

5장은 AI가 국가 안보의 핵심 요소이고 신흥 안보 분야에서 중요한 쟁점이 되고 있음을 설명한다. 안보는 국가 생존에 대한 위협에 대응하는 것으로 국가의 최우선 목표다. AI 시대에는 전통적인 군사적 위협을 넘어 새로운 종류의 신흥 안보 위협이 부각되면서 외교 영역이 확장된다. 사이버 안보의 경우, 생성형 AI를 활용하면 악성 코드 생성, 공격 자동화, 프롬프트 해킹 등 공격과 방어의 모든 측면에서 다른 양상이 펼쳐진다. AI 시스템에 오염된 데이터를 입력하여 물리적 오작동으로 이어질 수도 있다. 데이터 안보의 경우, 각국이 산업 경쟁력 및 국가 안보에서 데이터의 중요성을 인식하면서, 데이터 생산, 저장, 이동, 활용 등에 관한 정책을 국가 이익과 주권 차원에서 접근하는 시각이 확산되고 있다.

6장은 AI 기반 자율 무기의 출현과 미중 AI 군사 혁신 경쟁으로 인한 미래전 양상의 변화를 살펴본다. 최근 우크라이나 전쟁, 이스라엘 전쟁 등에서 AI 기반 무인 항공기(MQ-9 Reaper)와 자폭 드론(Harop), 사이버 공격, 전술 지휘 체계(Maven), 적군 식별(Lavender) 등이 큰 활약을 보이면서, 자율 무기 체계(AWS)로의 전환이 현실화되고 있다. 미국 국방부는 항공 모함을 호위할 대규모 자폭 드론 · 무인정 함대를 구축하는 레플리케이터(Replicator) 프로젝트과 군사 작전 의사 결정을 자율화하는 선더포지(Thunderforge) 프로젝트를 발표하였고, 중국군은 AI 사령관에 전략 데이터를 입력하고 컴퓨터 워 게임으로 학습시키는 중이다. 이에 따라, 미래전은 '지능화 전쟁'이라고 할 수 있으며, 속도전, 분산전, 인지전이 전개될 것이다.

평화·질서: 동맹·연대, 거버넌스, 통상 규범

외교의 근본적인 목적은 세계 평화를 지키고 안정적 국제 질서를 정립하는 데 있다. AI 시대 외교 · 안보 환경 변화를 점검하고, 그에 맞추어 동맹과 연대, 미래 국제 질서, 경제적 상호 의존 등 외교 전 영역에 걸쳐 전략을 다듬어야 한다.

7장은 AI 시대 외교 · 안보 패러다임 변화와 주요국 동맹 정치에 대해 살펴본다. 각국이 AI 기술을 경쟁적으로 활용하면서, 외교의 디지털 전환, 신흥 안보 위협, 전쟁 양상 변화가 빠르게 이루어진다. 키신저(Kissinger)는 자국 안보를 위해 AI를 개발하였지만 오히려 다른 국가를 자극하여 안보 환경이 불안정해지는 'AI 안보 딜레마(AI security dilemma)'를 제기하며, 국가 간 신뢰와 협력을 통한 국제 질서 재구성을 촉구했다. 오늘날 동맹 정치는 기술, 경제, 안보가 긴밀하게 연결된 복합 위기에 대응한 기술 동맹과 공급망 연대가 강조되며, 양자 · 소다자 · 다자의 다층적 연대로 네트워크 권력을 추구한다. 미국 주도 쿼드(QUAD), 오커스(AUKUS), 인도 태평양 경제 프레임워크(IPEF), 칩4(Chip 4), 한미일 협력 등도 중국의 영향력을 견제하려는 동맹 네트워크다. 향후에도 AI 동맹과 연대를 위한 '소다자 파트너십' 추세는 활성화될 것이다.

8장은 국제적 차원의 AI 원칙과 UN 거버넌스 논의 및 군사용 AI 규율 동향에 대해 살펴본다. 현재는 AI 관련 포괄적 조약이나 국제 관습법이 존재하지 않는다. 국가 책임, 국제 인도법, 국제 인권법 등은 진화적 해석으로 AI에 확장 적용할 수 있을 것이나. 경제협력개발기구

(OECD) AI 원칙 등이 국제 사회에 보편적으로 채택되면 국제법 일반 원칙으로 인정되어 규범적 효력을 가질 수 있을 것이다. UN 차원에서는 AI의 안전하고 윤리적인 활용을 위한 국제 거버넌스 논의가 다각적으로 진행되는 중이다. 고위급 AI 자문 기구 보고서가 제출되었으며, AI 신뢰성과 관련한 UN 결의가 채택되었고, 사무총장 주도 글로벌 디지털 협약(GDC)이 승인되기도 했다. 자율 무기 체계 확산이 가져올 인류 생존의 위협에 대응한 군사용 AI 규율 논의도 활발하다. 특정 재래식 무기 금지 협약(CCW) 아래 정부 전문가 그룹이 설치되어, 자율 살상 무기 체계(LAWS)에 대한 11개 항의 지도 원칙을 채택했다. 최근 '군사 분야에서 AI의 책임 있는 활용을 위한 고위급 회담(REAIM)'이 출범하여 우리나라가 주도적으로 참여하고 있다.

9장은 AI로 인한 교역의 대상과 방식 변화, 그리고 AI 시스템 거래에 적용되는 통상 규범을 살펴본다. 국가 간 무역 관계가 상호 협력을 촉진하여 갈등을 줄인다는 경제적 상호 의존론은 전후 자유주의 통상 질서의 동력이었다. AI 시대 국가 간 교역은 단순한 상품의 거래를 넘어 서비스, 플랫폼, 데이터 등으로 대상 범위가 확장되고, 관세가 아니라 기술 규정, 데이터 제한, 수출 통제 등이 통상 현안이 되고 있다. 미중 전략 경쟁의 기술 지정학과 경제 책략 확장으로 경제적 상호 의존이 전략의 목표가 아니라 상대방을 압박하는 전략 자산으로 간주되기도 한다. AI 관련 통상과 안보의 지정학이 맞물려 세계무역기구(WTO) 협정의 무역 자유화 원칙이 흔들리고 있다. AI의 기술 혁신 생태계를 존중하면서 신뢰성과 위험 관리를 합리적으로 유도할 새로운 통상 규범을 마련을 위한 'AX 통상 협상' 출범이 필요하다.

K-이니셔티브

미중 전략 경쟁은 '지정학의 귀환'을 가져왔다. 한반도 외교 · 안보 환경이 급변하고 공급망 질서가 재편되고 있다. AI는 미중 전략 경쟁의 중심에 있으며, 기술 경쟁, 규범 경쟁, 안보 경쟁이 지정학과 결합하여 복합적으로 이루어진다. 중견국들은 미중 경쟁 사이에서 기술적 자율성과 연성적 권력을 바탕으로 외교적 공간을 모색하고 있다. 기술 지정학 시대에 강대국 종속에서 벗어나 연결과 규범 기반 중재자를 지향한다.

10장은 AI 시대 중견국의 리더십 확보 전략과 우리나라 AI 외교의 방향에 대해 살펴본다. 강대국에 끼인 중견국의 외교 전략으로 크게 다자 연대, 균형 조정, 규범 창출, 기술 협력이 있으며, 기술의 주체이고 외교의 새로운 권력으로 부상한 민간 기업도 참여한다. 글로벌 AI 파트너십(GPAI), 유럽연합(EU)의 AI 법안, 디지털 경제 파트너십 협정(DEPA) 등이 중견국 외교의 사례다. 우리나라는 AI 3대 강국 도약을 목표로 과학기술부 중심으로 다양한 정책을 발표해 왔으며, 2024년 9월에는 대통령 직속 국가 인공지능 위원회가 출범하여 국가 AI 전략 정책 방향을 발표했다. AI 외교에서도, 2024년 3월 민주주의 정상 회의, 5월 AI 서울 정상 회의, 9월, REAIM 고위급 회의 등 굵직한 국제 행사를 연달아 주최하는 소기의 성과가 있었다. 하지만, 금년 들어 트럼프 2기 행정부 출범과 중국발 딥시크 모먼트로 인해 AI 기술 안보 인식과 외교적 지형에 적지 않은 변화가 있으며, 우리 정부도 글로벌 질서와 문명을 이끄는 선도국가다운 K-이니셔티브를 표방하고 있으므로, 우리의 AI 외교 전략에 대한 전면적인 재설계가 필요한 시기다.

필자는 우리나라 AI 외교가 추진해 나갈 중점 과제로 다음 사항을 제시하고자 한다. 첫째 '디지털 외교 2.0'이다. 외교부의 디지털 외교가 공공 외교에 디지털 기술을 접목하는 수준에 머물고 있다. 산업의 AI · 디지털 자원과 데이터를 외교의 전략 자산으로 인식하고, 신흥 안보,

데이터 주권, 거버넌스 규범으로 디지털 외교의 영역을 확장해야 한다. 둘째 유사 입장국과의 소다자 AI 파트너십 확대다. AI 시대에 요구되는 동맹 정치 전략은 양자·소다자·다자 차원의 다층적 연대를 통한 네트워크 권력 확보다. 미국과 중국이 주도하는 소다자 파트너십에 균형자로 참여하고, 중견국 간의 AI 연대도 확대해야 한다. 셋째 AI 거버넌스 및 자율 무기 확산 억제의 규범화다. 글로벌 AI 군비 경쟁에 대한 한국의 입장을 정하고 중견국 리더십을 발휘해야 한다. 한국형 AI 군사 혁신 모델과 미래전 복합 넥서스 전략을 수립하고, 명확한 국가 비전과 전략에 기반하여 한미 동맹의 AI 연대를 고도화해야 한다. 넷째 AI 시대 교역의 변화를 반영한 새로운 통상 규범을 위한 'AX 통상 협상' 주도를 제안한다. 빅 테크의 초거대 모델을 추종하기보다는 우리의 제조 강점을 살려 제조와 AI가 결합한 산업 AI와 피지컬 AI 분야를 공략하여 기술적 자율성을 확보하고 글로벌 혁신과 성장 동력 창출에 초점을 맞춰야 한다.

01
기술 패권 경쟁

AI 기술의 발전은 국제 정치 권력 게임에 변화를 가져온다. 강대국은 기술 기반 전략 경쟁에 나서고 AI 경제 책략을 통해 새로운 질서를 형성하고 있다. AI 기술 패권 전략 경쟁과, 그에 따른 국제 정치 변화를 소개한다.

AI와 1인 창업?

기술 패권과 국제 정치

기술 패권(technological hegemony)은 특정 국가나 행위자가 기술력을 기반으로 정치적·경제적 영향력을 행사하는 현상을 의미한다. 이는 단순한 기술 우위를 넘어서, 기술 표준 형성, 윤리적·법적 규범 주도 등을 포함한다. 기술이 국제 정치의 주요 변수로 작용하면서, 전통적인 군사력 중심의 권력 개념이 재구성되고, 국제 정치 이론들도 기술이라는 비전통적 요소를 점차 분석틀에 통합하고 있다.

이론적 기초

현실주의(realism)는 국제 정치를 무정부 체제로 보고 국가 간 권력 균형을 핵심 변수로 분석하는 접근이다. 기존에는 기술을 국가 권력의 수단으로 이해하였으나, 신고전 현실주의는 기술·산업 패권을 둘러싼 미중 경쟁을 신냉전 구도와 지정학 귀환으로 파악한다. 공격적 현실주의는 기술 주도권을 패권의 핵심에 놓고 미국과 중국의 AI 경쟁을 제로섬 게임으로 본다.

자유주의(liberalism)의 경우, 국제 협력과 규범 중심으로 접근하며 글로벌 거버넌스와 협력을 강조한다. AI를 둘러싼 서방 민주 진영과 권위주의 진영 간 대립은 자유주의 국제 규범과 제도의 미래에 중대한 도전이 되고 있다.

최근에는 기술 지정학(techno-geopolitics)이 주목받고 있다. 기술 자체를 지정학의 변수로 놓고, 기술, 경제, 안보를 통합적 시각에서 조망한다. 기술의 개발, 활용 및 확산이 지리적 공간에서 글로벌 공급망과 연계되어 국제 관계 및 정치 질서에 어떻게 영향을 주는지를 분석한다(송치웅, 2023). 이러한 시각에서 미중 AI 기술 경쟁은 기술 우위 확보를 넘어 공급망 경쟁, 동맹과 연대의 외교·안보 플랫폼 경쟁이 동시에 벌이는 것으로 이해한다(김상배 외, 2024).

기술과 패권국

역사를 돌이켜 보면, 강대국의 흥망성쇠는 기술의 변화에서 시작되었다. 패권국의 등장은 첨단 기술을 선점하여 경쟁국보다 높은 경제 성장을 이루고, 이를 기반으로 국제 정치 무대에서 영향력을 확대하는 방식으로 이루어져 왔다.

1차 산업 혁명 시기에는 영국이 증기 기관을 중심으로 산업화를 주도하며 세계 패권을 장악했고, 2차 산업 혁명에서는 미국이 전기와 대량 생산 기술을 선도함으로

써 새로운 패권국으로 부상했다. 3차 산업 혁명에서는 일본이 반도체와 전자 기술을 앞세워 경제 대국의 반열에 오르며 미국의 패권에 도전했지만, 미국의 강력한 견제 속에 세계 질서 재편에는 실패했다.

현재는 4차 산업 혁명 시대에 접어들었고, AI가 핵심 기술로 부상했다. 기존 패권국인 미국이 여전히 AI 기술력에서 우위를 점하고 있으나, 급속히 성장하는 중국이 이를 위협하는 전략적 경쟁자로 떠오르고 있다. AI는 단순한 기술 혁신을 넘어 경제 성장, 군사력 강화, 나아가 국제 질서의 재편에까지 깊은 영향을 미치고 있다. AI 기술 경쟁은 기업 간 경쟁을 넘어 국가 간 권력 경쟁으로 부상하였으며, 기술 패권 경쟁은 21세기 국제 정치의 핵심이다(김호철, 2024).

미중 AI 전략 경쟁

미중 기술 경쟁의 성격을 이해하는 것이 오늘날 국제 정치의 본질을 파악하는 데 중요하다. 한쪽에서는 '투키디데스 함정'으로 설명하며 패권을 둘러싼 물리적 충돌 가능성을 경고한다. 다른 한쪽에서는 패권국이 다양한 정책 수단을 동원해 도전국 부상과 현상 변경을 억제하려는 장기적 전략 경쟁으로 본다.

패권 경쟁 vs 전략 경쟁

패권 경쟁(hegemony competition)은 국제 체제 내에서 패권을 유지하려는 주도국과 이에 도전하는 도전국 간의 체제 주도권 경쟁을 말한다. '투키디데스 함정'에서 설명하듯이 새로운 패권 도전국의 등장은 두 강대국 간 물리적 충돌로 이어질 수 있다.

반면, 전략 경쟁(strategic competition)은 패권국과 도전국 간의 장기적이고 구조적인 권력 재편 과정이다. 특정 분야(기술, 군사, 외교 등)에서 실질적 영향력 확대를 위한 경쟁을 의미한다. 물리적 충돌보다는 다양한 전술과 수단을 통해 장기간에 걸쳐 글로벌 영향력 확보를 도모한다.

필자는 미중 경쟁이 아직 패권 경쟁의 단계까지 진입했다고 보기는 어렵다고 판단한다. 지금은 미국이 경제·정치·군사적 전략 자산을 동원해 중국의 도전을 견제하려는 전략 경쟁 단계로 봐야 하며, 수십 년에 걸쳐 장기적으로 전개될 것으로 본다.

기술 기반 경쟁

과거 냉전 시기의 이념적 대립과 군사력 경쟁 중심의 전통적 지정학 질서와 달리, 현재의 미중 선략 경쟁은 AI,

반도체, 통신, 양자 기술 등 첨단 기술 분야에서 전개된다. 기술은 국가 안보와 경제 안보를 동시에 구성하는 핵심 요소이며, 이를 둘러싼 경쟁은 규범, 데이터, 플랫폼 등 다층적 차원에서 이루어진다.

AI 기술 분야에서 현재의 경쟁 구도는 미국이 원천 기술을 기반으로 근소한 질적 우위를 유지하고, 중국은 응용 기술과 상용화 분야에서 빠르게 시장을 확대하며 양적 지표에서 앞서는 양상을 보이고 있다. 즉, 미국은 기초 연구와 고급 알고리즘 개발에서 강점을 보이고 있으며, 중국은 대규모 데이터 활용과 실생활 적용 분야에서 두각을 나타내고 있는 것이다.

2021년 하버드 대학교 벨퍼 센터(Belfer Center)는 미국과 중국 간 기술 경쟁의 현황을 분석한 보고서를 발표했다. 이 보고서에서는 양국이 치열하게 경쟁하고 있는 핵심 기술 영역으로 AI, 5G, 양자 컴퓨팅, 반도체, 생명과학, 청정에너지를 제시했다. 이 중에서도 AI는 향후 세계 경제와 국가 안보에 가장 큰 영향을 미칠 전략 기술로 꼽혔으며, 보고서는 AI 분야에서 중국이 시장 규모, 연구 성과, 기술 경쟁력 등 거의 모든 면에서 미국의 전면적인 경쟁자로 부상했다고 진단했다. 특히, 현재와 같은 추세가 지속된다면, 가까운 미래에 중국이 AI 분야에서 미국을 제치고 글로벌 리더의 자리에 오를 가능성이 높다는 경고도 함께 제기되었다(Allison et al., 2021).

AI 경제 책략

경제 책략(economic statecraft)이란 국가가 경제를 목적이 아닌 권력 도구로 인식하여 경제적 수단을 통해 외교적 · 전략적 목표를 달성하려는 행위다. 전략 목적에 따라, 경제 제재를 통해 정치적 행동 변화를 유도하려는 정치적 압박 유형(예: 이란 핵 협상), 경제적 지원을 통해 우호국 지원 및 영향력 확대를 도모하는 동맹 강화 유형(예: 중국의 일대일로), 특정 기술의 유출을 통제하여 경쟁국의 기술 추격을 차단하는 기술 패권 유지 유형(예: 미국의 대중 수출 규제), 자국 공급망 및 전략 자산의 경제적 안정성을 확보하려는 경제 안보 유형 등이 있다(Blackwill & Harris, 2016).

미국의 AI 전략

미국은 민간 중심의 혁신 생태계를 바탕으로 글로벌 AI 기술 경쟁에서 리더십을 유지하는 것을 목표한다. 미국은 오랜 기간 AI 연구의 선도 국가로 자리매김해 왔으며, 세계 최고 수준의 대학과 함께 구글, 마이크로소프트, 메타, 아마존, 오픈AI 등 세계적 빅 테크 기업을 보유하고 있다. 또한 반도체, 클라우드 컴퓨팅, 슈퍼컴퓨터 등 AI 기반 인프라에서도 세계적 경쟁력을 갖추고 있으며, 고급 AI 인재들이 다수 활동하는 생태계가 조성되어 있다.

오바마 행정부는 2016년 국가 과학 기술 위원회에서 "인공지능 미래에의 준비"라는 보고서를 발표하며, AI 기술의 가능성과 사회적 영향에 대한 공적 논의를 본격화했다. 이후 트럼프 행정부는 2019년 "미국 인공지능 이니셔티브(American AI Initiative)"를 출범시켜 본격적인 AI 전략을 추진하기 시작했다. AI 연구 개발 투자 확대, 윤리적 · 책임 있는 AI 활용, 인재 양성과 교육 강화, AI를 통한 국가 안보와 산업 경쟁력 제고 등을 핵심 목표로 제시했다.

2021년에는 'AI 국가 안보 위원회(NSCAI)'의 전략 보고서가 발표되었다. 구글 전 최고경영자(CEO) 에릭 슈미트를 위원장으로, 산학연 전문가들이 2년에 걸쳐 참여하여 작성한 결과물이었다. 보고서는 AI 기술 경쟁에서 미국이 우위를 유지하기 위한 전략으로, 우선 AI 하드웨어의 핵심인 반도체 칩 제조 역량을 강화하고, 중국의 기술 탈취에 대비한 보안 및 법적 조치를 마련할 것을 권고했다. 또한 반도체 및 관련 장비의 수출 통제를 강화하고, 우방국들과 기술 표준 공동 개발과 협력을 확대할 것을 권고했다(김호철, 2024).

중국의 AI 전략

중국은 국가 주도의 장기 비전으로 AI 산업을 전략적으로 육성하면서 미국과 선두 경쟁을 벌이고 있다. 2017년 "차세대 인공지능 발전 계획"은 2020년 AI 기술이 세계 선진 수준에 도달하고, 2025년 주요 산업 분야에서 AI 활용을 선도하며, 최종적으로 2030년에 글로벌 AI 혁신의 중심 국가가 되겠다는 전략 목표를 제시했다.

중국의 AI 전략은 정부의 강력한 정책 지원을 바탕으로 추진된다. 베이징, 상하이 등 주요 지역에 AI 산업 단지와 특구를 조성하였으며, 국가 차원의 연구 개발(R&D) 투자와 인재 양성도 활발히 진행 중이다. 특히 바이두, 알리바바, 텐센트 같은 대형 기술 기업들이 정부와 협력하여 핵심 역할을 수행하고 있으며, AI 관련 스타트업 생태계도 빠르게 확장되고 있다.

중국 AI 산업의 성장 이면에는 거대 내수 시장의 데이터 확보가 있다. 중국은 인터넷 도입 초기부터 방화 장벽(Great Firewall)을 설치해 데이터에 대한 강력한 통제와 검열을 시행하였고, 2017년 네트워크 안선법, 2020년 개인 정보 보호법, 2021년 데이터 안전법 등을 통해 중국 내 개인 정보와 중요 데이터가 외부로 유출되지 않도록 했다. 이는 중국 토종 기업이 14억 인구의 거대 시장을 차지하며 세계 시장으로 진출하는 기반이 되었다(김호철, 2024).

참고문헌

김상배 외(2024). 《인공지능과 국제정치: 연구 어젠다의 발굴》. 사회평론아카데미.

김호철(2024). 《인공지능 거버넌스》. 커뮤니케이션북스.

송치웅(2023). "기술지정학과 인도-태평양 전략: 기술동맹의 필요성과 추진방안". 《STEPI Insight》, 310.

하정우(2023), 《AI 전쟁: 글로벌 인공지능 시대 한국의 미래》, 한빛비즈

Allison, G., et al.(2021). The Great Tech Rivalry: China vs the U.S.. Harvard Kennedy School Belfer Center. https://www.belfercenter.org/publication/great-tech-rivalry-china-vs-us

Blackwill, R. D. & Harris, J. M.(2016). *War by Other Means: Geoeconomics and Statecraft*. The Belknap Press of Harvard Press.

Mearsheimer, J.(2001). *The Tragedy of Great Power Politics*. W. W. Norton & Company. 이춘근 옮김(2017). 《강대국 국제정치의 비극: 미국 패권경쟁의 시대》. 김앤김북스.

02
AI의 민주적 담론

AI 기술은 민주주의 가치에 부합하게 개발 · 사용되어야 하지만, 감시와 통제의 도구로 활용되어 시민의 자유와 권리를 억압하기도 한다. 디지털 권위주의, 알고크라시 등 민주주의 위협 요인을 국제 정치에서 어떻게 다루는지 살펴본다.

AI와 MBTI?

국제 정치 민주적 담론

AI 국제 정치가 기술 경쟁을 넘어, 이념적 가치 경쟁으로 확장되고 있다. 미국과 유럽을 중심으로 하는 서방 민주주의 진영과 중국·러시아 등 권위주의 진영 간의 외교적 갈등은 AI 기술의 윤리·규제·거버넌스를 둘러싼 가치 경쟁(value-based conflict)의 형태로 전개되고 있다. 기술 발전이 민주주의의 보편적 확산에 기여할 것이라는 기대와는 달리, 기술을 둘러싼 외교의 전선이 이념적으로 재편되어 긴장과 갈등을 고조하는 형국이다.

AI와 민주주의

AI 알고리즘이 여론을 형성하고 데이터가 통치 수단이 되며 자동화가 정책 결정을 보조하면서, 정치적·사회적 권력이 재구성된다. AI 시대 민주주의가 본질적 가치(인간 존중, 자유, 참여, 평등 등) 측면에서 새로운 도전에 직면한 것이다.

AI를 둘러싼 국제 정치의 민주적 담론으로 크게 세 가지 유형이 있다. 첫째, AI 기술의 민주화다. 국제 사회는 AI 윤리 원칙에 대한 포용적이고 민주적인 거버넌스를 시도하고 있다. 둘째, 시민의 권리 보호다. AI는 데이터 기반 기술이므로, 개인 정보, 표현의 자유, 알고리즘에 대한 통제권 확보가 중요하다. 유럽의 일반개인정보보호법(GDPR), 한국의 마이데이터 등은 시민 권리 보호를 위한 제도적 장치다. 셋째, AI 기술 형평성 제고다. AI 개발과 활용에서 저개발국을 포함하는 기술 정의가 요구된다.

민주주의 對 권위주의

가장 주목되는 부분은 AI 기술의 개발 및 활용에 대한 민주주의 진영과 권위주의 진영 간의 대립이다. AI 기술이 감시, 통제, 여론 조작 등 권위주의적 통치 수단으로 활용될 수 있는 잠재력이 있으며, 실제로 일부 국가에서 국민 통제와 정치 안정의 수단으로 도입했다. 이러한 흐름은 민주주의의 기본 가치인 개인 자유, 프라이버시, 표현의 자유를 저해할 수 있다.

민주주의 진영은 AI 기술 개발 및 활용에서 책임성, 공정성, 투명성, 인권 보호를 핵심 원칙으로 내세운다. 이들 국가는 다자주의를 기반으로 하는 포용적 기술 거버넌스 체제를 지향하며, AI 기술이 시민의 권리를 강화하는 방향으로 설계되어야 한다는 민주주의 가치 기반 외교를 추구한다.

반면, 권위주의 진영은 AI를 정치적 통제, 사회적 안정, 국가 안보의 수단으로 적극 활용한다. 중국의 사회 신용 시스템, 안면 인식 기반 대중 감시 인프라, 자동화된 콘텐츠 검열 시스템 등은 AI 기술이 권위주의적 통치 메커니즘에 전략적으로 통합된 사례다. 이들은 기술 표준과 거버넌스를 주권 내재성과 정치적 안정성의 논리로 정당화하며, 민주주의 진영의 규범 외교를 문화적 간섭 또는 기술 주권 침해로 간주한다.

디지털 권위주의

디지털 기술의 발전이 권위주의 정부가 예방적 억압(preventive repression)을 효과적으로 시행하는 데 활용될 수 있다. 예방적 억압이란 영화 마이너리티 리포트에서 보듯이 반정부 세력들이 공개적으로 반대 의견을 표명하거나 조직적 행동을 취하기 전에 정부 권력이 위험을 제거하는 일련의 행동을 의미한다. 이는 권위주의 체제의 강화와 인권 환경 악화를 초래할 것이다(Dragu & Lupu, 2021).

중국 사례

중국은 이미 신장웨이우얼 등 자치구 및 반체제 인사에 대한 감시와 통제의 수단으로 AI 기술을 활용하고 있다.

중국 쑤저우시는 시내의 모든 감시 데이터를 공안국 데이터 센터로 집중하고 이 정보를 실시간으로 공안의 데이터베이스와 비교하여 특정인을 1초 만에 식별하고 추적과 감시를 용이하게 하는 스카이넷(skynet) 시스템을 도입했다.

사이버 공간에 대한 감시와 통제 역시 정교해지고 있다. 중국은 인터넷 도입 초기부터 검열을 시행하였지만 모든 비판적 내용을 다 검열할 수 없었기 때문에 일부 용인하기도 했다. 하지만 AI 기술의 발전으로 당국의 사이버 검열 역량이 크게 확장되었으며, 기존엔 컴퓨터를 이용한 인터넷 활동을 감시하는 수준이었으나, 지금은 휴대폰 사용자의 얼굴 정보 등록을 의무화하여 모바일 접속을 통한 활동까지 감시하고 있다.

AI 기술을 활용한 사회 통제는 사회 신용 체계(social credit system) 도입으로 확장되고 있다. 중국 정부는 범죄 여부부터 인터넷 활동까지 개인이 행하는 다양한 활동에 대한 정보를 축적하고 AI를 통해 그 개인의 사회적 신용도를 평가한다. 개인의 사회 신용 점수가 기준치에 미달하면 일상생활에서 유무형의 불이익을 받게 된다(Acemoglu & Johnson, 2023).

러시아 사례

러시아 역시 디지털 기술을 활용한 디지털 권위주의 체제를 발전시키고 있다. 특히 허위 정보 확산 등 사이버 공작을 통해 정권에 비판적인 뉴스의 신뢰성을 떨어트리고 대중의 관심을 분산시킨다. 이를 통해 국민 인식을 친정부적인 방향으로 유도하고 정권의 안정을 확보하는 것이다.

제3세계 확산

중국과 러시아는 자신들의 디지털 권위주의 거버넌스 모델을 비자유주의 국가들에 전파하기 위해 적극적 행보를 보이고 있다. 안면 인식, 데이터 분석 등 감시와 통제에 필요한 시스템과 인프라를 말레이시아, 에티오피아, 우간다, 짐바브웨 등에 수출했다.

디지털크라시 vs 알고크라시

AI의 발전이 대의 민주주의 한계를 극복하여 직접 민주주의 발전에 기여할 것인지 아니면 알고리즘을 주도하는 빅 브라더에 의한 데이터 독점을 가져올 것인지에 대한 논란이 있다.

디지털크라시

'디지털크라시(digitalcracy)'는 디지털 기술의 발전으로 다양한 방식의 의사 결정이 가능해진다는 점에 주목한다. 일례로, 유권자에 대한 마이크로타기팅(microtargeting)을 통해 유권자와 정치인 간에 직접적인 의사소통이 가능해지고, AI 기술을 통해 정책의 잠재적 오류에 대한 빠른 분석이나 후보자의 부정부패 문제 등을 일반 시민들에게 맞춤형으로 제공할 수 있을 것이다(윤수정, 2021).

알고크라시

알고크라시(Algocracy)는 AI 알고리즘을 이해하고 설계하는, 또는 그러한 과정을 주도하는 소수에 의해 사회 전체가 통제되는 위험성을 경고한다. 알고크라시는 알고리즘과 지배의 합성어다.

데이터 입력과 결과 도출 간의 연결 과정을 공개하거나 정확하게 이해하는 것이 어려워서, 공공 영역의 의사 결정이 시민 사회 선호와 판단이 따라 결정되는 것이 아니라 소수에게만 이해 가능한 기술적 기제에 의해 결정될 가능성이 있다. 소위 '빅 브라더'에 의한 데이터의 독점과 통제가 발생하는 것이다. 이는 시민의 지배가 아닌 디지털의 지배이며, 민주적 정당성 문제로 이어질 수 있다(김중권, 2020).

또한, AI 알고리즘이 개인 각자에게 선택받은 노출(selected exposure)을 제공할 우려가 있다. 일례로, 앞에서 언급한 마이크로타기팅이 역으로 유권자들의 정보 환경을 제약하고 조작함으로써 허위 정보 확산과 정치적 양극화를 가져올 수 있다. 유권자는 자유의사에 따른 자발적 선택으로 생각하지만, 실상은 AI 알고리즘에 의해 편향되고 왜곡된 정보에 따른 조작된 선택이라고 할 것이다(조소영, 2020).

AI의 발전이 민주주의 후퇴를 가속화할 것이라는 우려도 있다. 트럼프 대통령 당선에 대해 미국 민주주의 헌정 체제에 대한 국민들의 불만이 커진 것으로 해석하는 연구들이 있다. 오래된 헌법 질서와 현재의 상황이 괴리되어 해석의 여지가 커지고 이념적 성향에 따라 미국 사회가 균열된 가운데, AI 기술을 통한 허위 조작 정보의 빠른 확산은 감정적 양극화를 가져오며 민주주의를 침식한다는 주장이다.

감정적 양극화의 문제는 개개인이 노출되는 뉴스, 소셜 미디어, 커뮤니티 등을 통해 접하는 다양한 정보 환경에 크게 좌우된다. 이때 정보 제공자가 이용자 맞춤형으로 필터링된 정보만 이용자에게 전달해 편향된 정보에 갇

히는 '필터 버블' 현상과, 온라인 공간에서 자신과 동일한 의견만 메아리치고 증폭되는 '에코 체임버' 효과가 발생할 수 있다. 생성형 AI의 발전은 이러한 감정적 양극화를 촉진할 가능성이 매우 크다(김유향 · 김보라미, 2025).

기술 민주주의 과제

각국의 이념적 성향에 따라 기술 관련 민주적 담론에 대한 외교적 대응이 달라진다. 미중 AI 기술 경쟁 전개 양상을 보다 정확하게 이해하려면, 양국이 AI 기술에 대해 어떤 이념적 가치를 부여하고, 그러한 가치를 실현하기 위해 어떻게 정책적 노력을 펼치는지 살펴보는 것이 중요하다.

AI 기술의 개발 및 활용에 대한 민주주의 진영과 권위주의 진영의 갈등은 기술 문제를 둘러싼 정치 체제의 경쟁이자, 외교적 정당성의 충돌이다. 민주주의가 AI 기술 환경 속에서 어떻게 적응하고 확장되는지를 가늠하는 시험대이기도 하다. AI 시대의 민주주의는 기술 기반 국제 정치 구조에서 재정의되며, 민주적 가치가 글로벌 기술 질서의 설계 원리로 자리 잡기까지 적지 않은 갈등이 있을 것이다. AI 기술 발전이 인간 존중, 민주적 참여, 책임성, 투명성 등 민주주의 핵심 가치에 부합하는 방향으로 이루어지도록 국제 사회가 외교를 통해 지혜를 모아 가야 할 것이다.

참고문헌

김유향·김보라미(2025). 《AI와 민주주의》. 커뮤니케이션북스

김중권(2020). "인공지능시대 알고크러시(Algocracy)에서의 민주적 정당성의 문제". 《법조》, 69(5).

문용일(2024). "인공지능과 거버넌스, 민주주의". 김상배 외. 《인공지능과 국제 정치: 연구 어젠다의 발굴》. 사회평론아카데미.

윤수정(2021). "인공지능과 민주주의에 대한 소고". 《헌법재판연구》, 8(2).

조소영(2020). "인공지능과 민주주의". 《공법연구》, 49(2).

Acemoglu, D. & Johnson, S.(2023). *Power and Progress: Our Thousand-Year Struggle over Technology and Prosperity.* PublicAffairs.

Dragu, T. & Lupu, Y.(2021). Digital Authoritarianism and the Future of Human Rights. *International Organization, 75*(4).

03
AI·반도체 공급망

AI 공급망은 반도체, 데이터, 알고리즘, 생태계 등이 연결된 기술 체계이며, 미국은 자국 안보와 지정학 차원에서 글로벌 공급망 재편에 나서고 있다. AI · 반도체 공급망 외교, 미국 주도 수출 통제, 미중 공급망 디커플링을 살펴본다.

AI와 난임 극복?

AI와 공급망 외교

'공급망(supply chain)'은 제품 설계, 원재료 조달, 중간 생산물 변환, 소비자 유통 및 사후 관리에 이르는 모든 체계와 과정을 지칭한다. '글로벌 공급망(global supply chain)'은 둘 이상의 국가에서 생산 공정이 이루어지는 경우를 의미한다. 글로벌 공급망(GSC)은 자유화에 따른 경제 통상 현상이고 기업의 경영 전략이며 지정학 경쟁의 핵심이라는 복합적인 성격을 가진다. 또한 글로벌 공급망 재편에 국가, 기업, 국제 질서가 각자의 동력으로 상호 작용한다(김호철, 2023).

공급망 외교의 이해

공급망 외교(supply chain diplomacy)는 국가가 핵심 기술, 자원, 부품, 인프라 등의 안정적 확보와 통제를 목표로 외교적 수단을 활용하는 전략적 행위를 의미한다. 이는 전통적인 통상 외교를 넘어서, 특정 영역에서 전략적 자율성(strategic autonomy)을 확보하고, 지정학적 리스크를 분산하며, 경제 안보를 강화하려는 목적을 가진다.

공급망 외교 전략의 핵심 요소로는, 신뢰 가능한 공급국과 우방국의 협력 네트워크 구축, 특정 국가 의존도를 줄이기 위한 공급처 및 경로 다변화, 기술과 제품의 글로벌 기준을 선점하여 자국 기업의 경쟁력 강화, 자국 내 생산 능력 확대 및 해외 전략 자산 투자, 지정학적 위기 시 공급망 회복력 확보 등이 포함된다.

반도체, 데이터, 알고리즘, 생태계

AI는 단일 기술이 아니라, 반도체, 데이터, 알고리즘, 생태계 등이 연결된 공급망을 기반으로 작동하는 기술 체계다. 첫째, 그래픽처리장치(GPU), AI 칩셋 등 반도체 장치가 있다. 둘째, 데이터 센터, 클라우드, 해저 케이블 등 데이터 인프라가 필요하다. 셋째, 알고리즘 플랫폼, 오픈 소스 생태계 등이 있어야 한다. 넷째, 에너지, 원자재, 인적 자원 등 생태계가 갖추어져야 한다. 이러한 공급망은 AI 발전에 필요할 뿐 아니라, 국제 정치에서 국가의 기술적 자율성, 경제적 · 외교적 영향력과도 직결된다.

AI 공급망은 특정 자원과 기업에 대한 의존도가 매우 높은 구조를 가지고 있다. 예를 들어, 반도체 칩은 엔비디아(NVIDIA), TSMC 등 소수 기업에 글로벌 공급이 집중되어 있고, 초거대 AI 모델 훈련을 위한 연산 자원은 소수 빅 테크 기업이 독점하고 있다. 따라서 AI 공급망의 단절이나 제재 조치는 국가 안보 및 경제 시스템 전반에 중대한 충격을 야기할 수 있으며, AI 공급망 안정성과 통제력 확보는 AI 시대 각국의 핵심 전략 영역으로 부상하고 있다.

AI 공급망 외교

AI 공급망 외교는 AI 자원의 전략화, 표준의 규범화, 기술 연합의 형성 등으로 전개된다. 첫째, AI 공급망이 단순한 경제적 자산이 아니라 전략적 영향력의 수단이 되었고, 제재 · 통제 · 보조금 등 다양한 방식으로 무기화(weaponization)된다. 둘째, 기존의 안보 · 경제 · 기술 외교를 통합하는 융합형 외교 모델을 요구하며, 외교의 범위가 규범 · 표준 · 특허 · 인증 체계를 둘러싼 기술 규범 경쟁으로 확장되었다. 셋째, 반도체 공급망 분산이 디지털 지정학의 다극화를 가져왔으며, 국가 간 기술 연합과 블록 형성이 가속화되었다.

미국 주도 수출 통제

수출 통제는 미소 냉전에서 시작되었다. 1949년 냉전 초기에 서구 군사 기술이 공산권에 공급되는 것을 차단하기 위해 미국이 북대서양조약기구(NATO), 일본, 호주와 대공산권수출통제위원회(COCOM, 코콤)를 결성한 것이고 미국이 금지 품목 지정을 주도해 왔다. 1980년대 유럽연합(EU)과 일본 경제가 회복하자 미국이 수출 통제 품목 지정을 이들 국가의 경제적 부상을 견제하는 방식으로 운영한다는 오해가 쌓이기 시작했고, 금지 품목을 확대하려는 미국과 이를 최소화하려는 여타 참여국 간에 입장 차이가 불거졌다. 1990년대 소련이 해체되면서 코콤은 해체되었고, 이를 대신하여 1996년 북한, 이란 등 불량국가 또는 불특정 테러 단체에 전략 물자 수출을 통제하기 위한 비확산 수출 통제 체제가 출범했다(Bown, 2023).

국제 수출 통제 체제

1996년 재래식 무기와 이중 용도 품목, 소프트웨어 및 기술에 대한 수출 통제는 바세나르 체제(WA), 핵무기에 대해서는 핵 공급 그룹(NSG), 생화학 무기에 대해서는 호주 그룹(AG), 미사일에 대해서는 미사일 기술 통제 체제(MTCR)가 결성되어 4대 수출 통제 체제가 성립되었다. 코콤의 수출 통제 체제는 공산권 국가를 대상으로 전략 물자 유출을 통제하려는 것이었으나, 냉전 이후 4대 수출 통제 체제는 대량 살상 무기와 재래식 무기의 확산 방지에 초점을 두고 있다. 종전에 수출 통제 대상이 되었던 국가들도 새로운 국제 수출 통제 체제에 참여하고 있다. 러시아는 호주 그룹을 제외한 3개 체제에 참여하며 중국은 핵 공급 그룹에 참여한다.

전략 물자 지정

'전략 물자(strategic items)'는 상기 수출 통제 체제에 참여하는 국가들이 수출 통제 대상 품목으로 정하는 물품을 말한다. 참여국은 국제 체제 협의를 통해 통제 대상 품목을 결정하며, 각 참여국은 합의된 지침에 기초하여 자율적 판단으로 자국의 법령에 구체화한다. 일례로, 바세나르 체제의 참여국은 수출 제한이 적용되는 '이중 용도 상품 · 기술 목록과 군용품 목록'을 운영한다. 직접적인 통제 대상으로 지정되지 않더라도 그 사용이 불법적인 목적에 이용될 가능성이 있을 경우 캐치올 제도를 통해 수출을 제한할 수 있다. 또한, 수출 통제 집행 과정에서 통제 대상 품목을 불법적으로 사용할 우려가 있는 최종 사용자는 제재 대상 명단(entity list)으로 관리한다.

대중국 수출 통제

2017년 트럼프 1기 행정부 국가 안보 전략 보고서는 중국을 수정주의 세력으로 규정하고 신흥 기술에서 미국의 전략적 우위를 강화한다는 목표를 설정하였고, 중국으로의 기술 유출을 방지하기 위해 2019년 국방 수권법(NDAA)에서 수출 통제 개혁법(ECRA)과 외국인 투자 위험 심사 현대화법(FIRRMA)을 제정하여 수출 통제 및 투자 심사를 대폭 강화했다. 미 상무부는 중국 기업을 제재 대상 명단에 추가하는 방식으로 첨단 기술 금수 조치를 확대했다.

바이든 행정부도 트럼프 1기 행정부의 대중국 안보 전략을 계승하여, 미국 민주주의 가치와 경제 번영을 추구하고 동맹국과 협력하여 전체주의적 포퓰리즘에 대항한다는 기조를 세웠다. 중국과의 디리스킹을 표방하면서 핵심 기술의 공급망 안정을 위해 동맹국으로 프렌드쇼어링(friendshoring) 정책을 폈으며, 미국 · 일본 · 한국 · 대만 반도체 협력(Chip 4), 인도 태평양 경제 프레임워크(IPEF), 미-EU 통상 기술 위원회(TTC) 등 다양한 형태의 우방국 연대를 강화했다.

수출 통제와 관련, 2020년대 들어 중국이 민군(民軍) 융합 정책으로 민간 첨단 기술을 동원한 중국군 현대화를 공식화하고 중국국제반도체(SMIC)의 7나노 반도체 공정 개발 소식이 발표되는 등 안보적 우려가 고조되자, 2022년 10월 미국은 반도체 및 제조 장비 수출 통제를 강화하였고 2023년 1월에는 바이든이 직접 나서 일본과 네덜란드를 다니며 대중국 반도체 수출 통제 연대에 동참을 이끌어 냈다.

그럼에도 미 의회에서 국가 안보 차원의 대중국 규제 강화에 대한 목소리는 여전히 높다. 미 의회 미중 경제 안보 검토 위원회는 2023년 연례 보고서에서 중국 공산당의 권위주의 체제가 미국 안보를 위협하므로 미중 경쟁을 장기적인 구조적 틀에서 접근할 것을 주문하고, 중국과 거래하는 기업 공개, 중국 수입품의 안보 위협 평가, 반도체 수출 통제 실효성 검토, 투자 심사 대상 확대 등을 권고했다. 또한 미 하원의 미중 전략 경쟁 특별 위원회는 2023년 중국 공산당과의 경제 경쟁의 승리 전략 보고서를 발표하여, 중국과의 경제 관계 재정립, 중국의 군사력 현대화 및 인권 유린에 미국 자본과 기술의 유출 차단, 기술 동맹국과의 집단적 경제 회복력 구축 등을 제시했다(최석영 · 이태호, 2025).

AI 확산 규제

바이든 행정부는 임기 종료 직전에 AI 반도체 수출 통제 조치인 'AI 확산 규칙(Diffusion Rule)'을 발표했다. 국가들을 3개 등급으로 구분하여, 2그룹 국가(멕시코, 포르투갈 등)까지 미국산 AI 칩 수출을 제한하는 내용이었다. 미국 업계는 즉각 반발하였고, 엔비디아는 수출 시장 위축과 기술 경쟁력 저하를 불러올 것이라고 공개적으로 조치 철회를 요구했다.

트럼프 2기 행정부는 2025년 5월 AI 확산 규칙의 발효 전에 조치를 철회하고, 대신에 화웨이 어센드 AI 칩에 대한 확장된 수출 통제를 경고했다. 상무부는 전 세계 어디서든 어센트 AI 칩을 사용할 경우 미국의 수출 통제 규정 위반으로 간주하겠다고 발표했다. 미국 기술의 우방국 확산은 촉진하면서 중국과 러시아의 기술 추격을 차단하겠다는 의도다.

AI 공급망 디커플링

AI 공급망 디커플링(decoupling)은 AI 기술의 개발 · 생산 · 유통 과정에서 국가 간 또는 진영 간 전략적 분리를 추구하는 현상을 의미한다. 이는 단순한 경제 블록화를 넘어, 기술 · 데이터 · 인프라 · 표준을 포괄하는 전방위적 분리로, 특히 미국과 중국 사이의 기술 냉전 구도에서 본격화되고 있다. 일례로 반도체의 경우, 미국은 엔비디아, AMD의 AI GPU 대중 수출을 통제하였고, 중국은 자체 AI 칩 개발에 속도를 내고 있다. 데이터의 경우에도 서방 진영은 일반개인정보보호법(GDPR) 등을 통해 데이터 보호를 강화하고, 중국은 데이터 안보법 등으로 외국 기업의 데이터 접근을 저지한다.

AI 공급망 디커플링은 단순한 분업 구조의 변화가 아니라, 블록 간 신뢰 체계의 붕괴와 기술 주도 권력 질서 재편이다. 기술이 외교, 군사, 경제를 통합하는 국가 전략의 중심이 되었으며, 디지털 자유와 디지털 통제 간 가치 기반 경쟁이 본격화된 것이고, 각국의 동맹 기반 분산형 공급망 구축 전략을 촉진하여 국제 질서 자체를 재구성하고 있다.

참고문헌

김호철(2023). "글로벌 공급망 재편의 지경학과 신통상전략 구상". 《통상법무정책》, 5.

윤정현(2022). "기술지정학 시대의 반도체 공급망 재편과 대응전략". 《INSS 연구보고서(2022-15)》. 국가안보전략연구원.

최석영·이태호(2025). 《경제안보와 통상리스크》. 박영사.

Allen, G.(2025). DeepSeek, Huawei, Export Controls, and the Future of the U.S.-China AI Race. CSIS. https://www.csis.org/analysis/deepseek-huawei-export-controls-and-future-us-china-ai-race

Bown, C.(2023). The Return of Export Controls: A Risky Tactic That Requires Cooperation From Allies. Foreign Affairs. https://www.foreignaffairs.com/united-states/return-export-controls

04
초연결 사회 외교

디지털 기술로 실시간 연결되는 네트워크 혁명으로 초연결 사회가 도래하고 외교의 패러다임도 변화하고 있다. 기술이 정치와 결합하여 권력화되면서 국제 정치의 행위자와 국가 전략이 재편되고, AI 시대의 디지털 외교가 주목된다.

AI와 사주?

초연결 사회 외교

초연결 사회 외교는 디지털 기술로 정보화가 심화된 네트워크 환경에서 국가 간 상호 작용과 외교 전략을 정의하는 새로운 패러다임이다. 국가 간 소통 방식의 디지털화를 넘어, 정보 흐름의 통제, 디지털 거버넌스, 사이버 공격과 방어, 디지털 민주주의 등 다양한 문제를 포괄하는 복합적인 영역이다.

초연결 사회

초연결 사회(hyper-connected society)는 기존의 연결성을 초월한 네트워크 사회다. 스마트폰, 사물 인터넷(IoT), AI, 5G 등과 같은 혁신적인 디지털 기술이 사람, 기업, 정부 등 모든 주체를 실시간으로 연결하는 네트워크 환경을 의미한다. 과거 철도 혁명은 물리적 네트워크를 통해 산업 사회를 이룬 반면, 현재의 4차 산업 혁명은 디지털 네트워크를 통한 초연결 사회를 만들었다(박지웅, 2016).

초연결 사회의 특성으로 다음 사항을 들 수 있다. 첫째, 실시간 연결성이다. 모든 것이 실시간으로 연결되고 상호 작용한다. 사람들은 언제 어디서나 인터넷에 접속할 수 있고, 스마트 기기와의 연결을 통해 정보를 즉시 수집하고 전파할 수 있다. 모바일 커뮤니케이션, 소셜 미디어, 스마트 홈 등이 사례다. 둘째, 상호 의존성 증가다. 모든 시스템과 사람들 간 연결성이 심화되면서, 개별 주체가 하나의 독립적 존재로 존재하기 어려워졌다. 예를 들어, 스마트 시티는 교통, 에너지, 보안, 환경 등의 시스템이 서로 연결되어, 하나의 시스템이 실패하면 다른 시스템에도 연쇄적인 영향을 미치게 된다. 셋째, AI 자동화 확산이다. AI 기술이 초연결 사회의 중요한 구성 요소로 자리 잡고, 자율 주행차, 스마트 팩토리, AI 의료 등 사람과 기계, 그리고 다양한 기술적 연결이 실시간으로 이루어진다. 이러한 기술은 사람들의 노동, 삶의 방식, 의사 결정 과정 등을 크게 변화시킨다.

외교의 대상과 방식

초연결 환경에서 외교의 대상이 전통적인 군사력이나 경제력 중심에서, 디지털 기술, 정보 흐름, 사이버 보안, 데이터 주권, AI 윤리 등 기술적 요소 중심으로 전환된다. 외교의 방식에서도 국가 간 소통에 디지털 기술과 가상 공간이 활용되고, 정부의 공식 채널을 통한 일방향 소통에서 온라인 플랫폼을 활용한 양방향, 다자간 소통으로 변화한다. 외교 무대에서 일반 대중이 주요 행위자로 등장하면서, 소셜 미디어 외교, 온라인 여론 분석, 소프트 파워 제고 등 디지털 외교가 필수 전략이 된다.

외교 전략 방향

초연결 사회 외교 전략은 다음과 같다. 첫째, 디지털 기술 협력이다. 초연결 사회에서 국가 간의 디지털 기술 협력은 지속 가능한 발전 목표, 기후 변화, 팬데믹 대응, 디지털 경제 활성화 등 글로벌 문제를 해결하는 데 중요한 역할을 한다. 특히 빅 데이터, AI, IoT 등 혁신 기술을 활용해 데이터 기반 의사 결정을 하고, 정보 공유와 상호 기술 지원으로 문제 해결을 촉진할 수 있다. 예를 들어, 기후 변화 문제에 AI 기반 예측 시스템이나 빅 데이터 분석을 통해 예측하고, 국제 협력으로 각국의 환경 정책을 효율적으로 조율할 수 있다. 팬데믹 역시 빅 데이터와 AI 모델링을 통해 질병 확산 경로를 추적하고, 백신 개발과 공급망 관리를 최적화하는 방식으로 협력 방향을 모색할 수 있다.

둘째, 사이버 보안 협력이다. 디지털화가 급격히 진행되면서, 사이버 보안은 각국의 국가 안보와 경제 안정을 위한 핵심 요소가 되었다. 더구나 사이버 공격과 정보 유출이 글로벌 차원에서 이루어져 단일 국가의 노력만으로는 이러한 문제를 해결할 수 없다. 국제적인 사이버 보안 협정을 체결하고, 사이버 문제에 공동 대응하는 네트워크를 구축하는 방향으로 외교적 협력이 필요하다. 각국의 사이버 방어 능력을 상호 공유하고, 공격자 추적 및 처벌을 위한 법적 협력을 모색해야 한다.

셋째, 디지털 민주주의 촉진이다. 디지털 기술의 발전은 디지털 민주주의와 권위주의적 통제 사이의 갈등을 심화할 수 있다. 인권 보호와 시민의 자유를 보장하는 거버넌스를 구축하고, 디지털 민주주의 가치를 지키는 방향으로 외교 전략을 전개해야 한다.

기술의 권력화

전통적으로 국제 정치는 국가 주권과 세력 균형의 틀 안에서 작동했으나, 21세기 초연결 사회 기술은 기존의 국제 정치 구조를 재구성하는 핵심 변수로 부상했다. AI 알고리즘에 기반한 정책 결정, 플랫폼 중심의 여론 형성, 감시와 통제 기능의 디지털화는 기술이 권력화되는 주요 양상이다.

테크노폴라 시대(technopolarity)

국제 정치가 기술 권력과 국가 권력이 융합되는 새로운

권력 구조의 시대로 진입하고 있다. 기술 기업이 주권, 정책, 안보에 심각한 영향력을 행사하며, 권력 집중과 감시의 수단으로 활용되면서 민주적 가치를 위협한다. 기술 엘리트들이 자유주의적 유토피아의 실현 대신에 민주주의를 대체할 권력 장악에 나섰다는 비판적 목소리가 나오고 있다(Bremmer, 2025).

구글, 메타, 텐센트, 알리바바 등 빅 테크 기업이 단순한 시장 행위자가 아니라 준국가적 권력체로 부상했다. 방대한 데이터와 기술 인프라를 통해 시민 정보, 여론, 소비, 정치적 선택에 영향을 미친다. 이들 플랫폼 제국(platform empires)은 국가보다 더 넓은 범위에 관여하면서 개인의 자유와 권리를 위협하기도 한다. 케임브리지 애널리티카(Cambridge Analytica) 사건은 기술 권력의 위험성을 보여 준 사례다. 또한 기술 기업이 국제 분쟁에서 중요한 외교적 행위자로 등장하기도 한다. 우크라이나 전쟁에서 러시아 공격에 의해 파괴된 우크라이나 통신 네트워크를 스페이스X 스타링크 위성 인터넷 서비스가 대체하며 결정적인 역할을 한 바 있다.

각국은 다양한 규제로 대응을 시도하고 있다. 유럽연합(EU)은 일반개인정보보호법(GDPR), 인공지능법, 디지털 시장법 등을 통해 플랫폼의 권력 남용을 견제하고,

기술 거버넌스의 민주적 통제를 시도하고 있다. 미국은 빅 테크 기업의 반독점 규제 및 국회 청문회를 통해 자율적 통제를 시도하고 있으나, 정책의 분절성과 정치적 갈등으로 한계를 드러내고 있다. 한국 역시 디지털 플랫폼의 사회적 책임과 투명성 문제를 중심으로 대응에 나서고 있다.

기술 외교의 재구성

기술 자체가 외교적 힘이 되면서 국가 주권의 개념이 재편되고, 외교 전략의 범위가 기술 주도권, 기술 규범, 기술 공급망 경쟁으로 확산된다. 첫째, 미국과 중국은 AI 윤리 기준, 글로벌 표준, 군사적 응용을 둘러싸고 국제적 영향력을 놓고 외교전을 벌이고 있다. 이는 단순한 기술 규제 협상이 아닌 패권 외교의 일부다. 둘째, EU는 GDPR을 외교적 지렛대로 활용하며 타국의 데이터 정책에 실질적 영향을 미치고 있다. 기술 규범 외교다. 셋째, 반도체, 희토류, 배터리 등 기술 공급망 확보가 협상의 핵심이 된다. 미국의 '칩(Chip) 4', 일본 · 네덜란드의 수출 통제 협력 등이 사례다.

AI 시대 디지털 외교

외교는 전통적으로 국가를 행위자로 하여 국가 간 상호작용, 협상, 군사 · 경제 정책 조율 중심으로 접근해 왔다. 그러나 초연결 사회 도래와 기술 권력의 부상은 외교의 주체, 수단, 공간, 의제에서 변화를 가져왔다. 주체 측면에서, 외교가 더 이상 주권국의 전유물이 아니며, 기술 권력 역할이 부상하여 민관 협업이 요구된다. 수단 측면에서, 기술 표준, 데이터 거버넌스, 사이버 안보와 같은 비군사적 전략이 외교의 도구로 활용된다. 공간 측면에서, 외교 무대가 물리적 대사관과 회의장에서 디지털 플랫폼과 가상 공간으로 확대되고 있다. 의제 측면에서, 무역, 기후 변화 등 전통적 의제를 넘어 AI 윤리, 데이터 이동, 디지털 주권, 사이버 보안 등이 핵심 의제가 되고 있다.

디지털 외교

디지털 외교(digital diplomacy)는 전통적인 외교 활동에 디지털 도구와 소셜 미디어 등을 전략적으로 활용하는 새로운 형태의 외교다. 디지털 외교, e-외교, 인터넷 외교 등 다양한 용어가 혼재해 있고, 그 개념과 범위가 국가 또는 학자마다 다르지만, 디지털 소통과 공공 참여를 특징으로 말할 수 있다. 디지털 플랫폼을 통해 여론을 형성하고, 공공 외교와 대중과의 상호 소통을 강화하며, 국가 간의 디지털 상호 작용을 촉진한다. 공공 외교, 문화 외교, 위기 커뮤니케이션 등이 폭넓게 포함된다(Manor, 2018).

각국도 디지털 외교에 적극 나서고 있다. 미국 트럼프 대통령은 엑스(옛 트위터)를 외교적 방향을 대외 발표하고 국제 사회와 소통하는 주요 도구로 활용한다. 이는 전통적인 언론 경로를 넘어서 직접적이고 신속한 소통을 가능하게 한다. 중국 외교부는 소셜 미디어를 활용하여 중국몽과 같은 정치적 목표를 공유하고, 대외 이미지 개선과 국제 여론 주도를 도모하고 있으며, AI 기반의 콘텐츠 관리와 디지털 검열을 통해 외교적 메시지를 제어한다. EU는 디지털 외교를 대외 정책의 핵심 요소라고 선언하고, 소셜 미디어, 디지털 플랫폼, 웹사이트를 통해 외교 정책, 국제 인권, 경제 · 환경 문제 등에 대한 입장을 공개적으로 전달하고 있다. 우리 외교부도 '디지털 공공 외교'를 통해 공공 외교 분야에 디지털 기술을 도입하여 활용하고 있다.

디지털 외교 2.0

기존의 디지털 외교에서 나아가 AI 기술과 글로벌 연결성을 활용한 보다 정교한 전략적 접근을 취해야 한다. 공공 외교에 디지털 기술을 접목하는 차원을 넘어, 디지털 자원과 글로벌 데이터를 외교의 전략 자산으로 활용하는 방향으로 전환하자는 것이다. 주요 과제로는 AI와 빅데이터 기반 외교 정책 분석, 디지털 플랫폼을 통한 시민 참여 촉진, 글로벌 디지털 협력 네트워크 구축, 사이버 보안 및 정보 보호 강화, 디지털 외교 전문가 양성 등이 검토될 수 있다.

참고문헌

김태환(2023). "한국 디지털 공공외교 현황과 활성화". 《IFANS 주요국제문제분석》. 외교안보연구소.

박지웅(2016). "초연결사회의 정치경제학적 기원과 성격". 《사회경제평론》, 57.

Bremmer, I.(2025). The Technopolar Paradox: The Frightening Fusion of Tech Power and State Power. Foreign Affairs. https://www.foreignaffairs.com/united-states/technopolar-paradox-ian-bremmer-fusion-tech-state-power

Manor, I.(2018). The Digitalization of Diplomacy: Toward Clarification of a Fractured Terminology. DipDiploROx Working Paper. https://digdipblog.com/wp-content/uploads/2017/08/the-digitalization-of-diplomacy-working-paper-number-1.pdf

05
신흥 안보와 AI

AI 기술이 국가 안보의 중요한 요소로 인식되어 군사적 · 경제적 전략의 핵심이 되었으며, 신흥 안보 위협이 국제 정치의 쟁점으로 부상했다. AI의 안보화, 사이버 안보, 데이터 안보에 대해 살펴본다.

AI와 아이돌?

신흥 안보

'안보(security)'는 국가 생존에 대한 위협에 대응하는 것으로 국가가 추구하는 최우선 목표다. 현실주의 접근의 전통적 안보는 군사력의 사용과 통제, 위협에 초점을 두어 왔으나, 미소 냉전 해체 이후 탈영토 기반의 안보 위협 등 국제 정치 현상을 적절히 설명하지 못하고 있다. 이에 학계는 군사 안보와 함께 비군사적 요소를 아우르는 포괄 안보, 신흥 안보 등으로 안보 개념의 확장을 시도해 왔다.

강학상 개념

'신흥 안보(emerging security)'는 전통적인 군사적 위협을 넘어, 기술적, 경제적, 사회적 변화가 초래하는 새로운 종류의 위협을 포함하는 개념이다. 학계에서는 안보가 미시적 차원에서 거시적 차원으로 확대되며 안보화하는 현상으로 설명한다. 미시적 상호 작용이 양적 · 질적으로 변화하여 일정 수준을 넘으면서 새로운 거시적 안보 문제로 구성되는 것이다. 행위자 이외에 물리적 사물도 위협을 만들어 낼 수 있으며, 거시적 안보 문제로 비화되기 전까지는 위협을 예측하기 어려운 비가시성을 가진다. 그러다가 임계점을 넘어 국가 간 분쟁 요소로 작동하는 단계가 되면 극단적 위협으로 나타난다(김상배, 2020).

현실적 적용

미국 국무부의 신흥 안보 본부(Office of Emerging Security Challenges)는 다음 사항을 관장한다. 첫째, 우주 안보 및 미사일 방어 협력이다. 동맹국과 협력하여 우주 안보 및 미사일 방어를 강화하고, 위협에 대응하기 위한 공동 노력을 촉진한다. 둘째, 극지방 안보다. 극지방에서 안보 보장을 위해 지정학적 경쟁과 자원 개발, 기후 변화 등 파트너십을 형성한다. 셋째, 사이버 전략적 안정성이다. 사이버 위협에 대응하기 위해 국제 협력을 증진하고, 신뢰 구축 조치를 통해 사이버 전쟁의 위험을 줄이는 역할을 한다. 넷째, AI와 국가 안보다. AI 기술이 국가 안보에 미치는 영향을 분석하고, 이를 관리하기 위한 전략을 개발하며, AI 발전에 따른 윤리적 및 제어 문제를 다룬다.

AI의 안보화

AI 안보화는 AI 기술이 국가 안보의 중요한 요소로 인식되어 정치적, 군사적, 경제적 전략에 핵심 역할을 하게 되는 과정을 의미한다. 즉, AI 기술이 단순히 기술적인 혁신을 넘어서 국가의 안보, 군사력, 경제력에 심대한 영향을 미친다는 점에서 안보적 위협으로 간주되고 이를 다루기 위한 정책적 대응이 필요하다는 인식이 확산되는 과정이다.

안보화

'안보화(securitization)'는 행위자들이 공감대를 기반으로 무엇을 안보 위협으로 할지에 대한 사회적 합의를 만들어 내는 정치적 과정을 의미한다. 비가시적 미래의 위험이라고 하더라도 안보 행위자들이 다자적 인식을 바탕으로 정치적 안보 담론을 구성하면 중대한 위협으로 구성될 수 있으며, 안보 담론에 대한 대중의 지지를 얻기 위한 전략적 관계와 정치 권력 투쟁을 만들어 내기도 한다. 국제 정치 영역에서 안보화는 위협 대상의 인식과 대응을 넘어 국가 간 권력 관계에도 영향을 미친다고 할 것이다(조화순 · 김민제, 2016).

군사적 안보화 측면에서, AI 기술이 민군 겸용의 이중 용도(dual-use)이며 알고리즘의 전략적 유용성으로 각국의 군사력에도 상당한 영향을 미치기 때문에, AI 기술 우위는 지정학적 안보 위협으로 인식된다. 일례로, 미

의회의 국가 안보 보고서는 중국의 AI 개발 지원이 미국보다 월등하다고 지적하면서 지정학적 위험을 강조한다 (Harris, 2023).

경제적 안보화 측면에서, AI 기술을 선도하는 국가는 새로운 산업을 주도하고 경제 성장을 가속화하여 글로벌 시장에서 우위를 점하며 세계 경제의 주도권을 가질 것이므로, AI는 경제 안보 및 산업 패권 경쟁에서 핵심 요소가 된다. 지금 벌어지는 AI 기술 주도권 경쟁은 자국의 안보와 직결되며, 다가오는 AI 시대에 주도권을 확보하려는 권력 정치다. 미국, 중국, 유럽연합(EU) 간 AI 기술 표준 갈등의 이면에 AI 산업, 안보와 지정학에서 유리한 위치를 선점하려는 복합적인 권력 경쟁이 녹아 있는 것이다.

정책적 대응

AI 시대의 신흥 안보 환경에 대응하는 각국의 전략은 다양하고 다각적이다. 미국은 국방 AI 전략(DoD AI adoption strategy)을 통해 AI를 군사 작전과 전략에 적극적으로 통합하고 있다. 이 전략은 AI 기반 자율 무기 체계, 자율 드론 등을 개발하여 전쟁 효율성을 극대화하려는 것이다. 중국도 AI를 국방 전략의 중요한 축으로 삼고, 자율 무기, 정보 전쟁, 자율 드론 등 AI 군사 기술 개발에 막대한 투자를 하고 있다. 한편, EU는 AI 기술에 대한 윤리적 규제를 중요하게 생각하고, AI 법안(AI Act)을 제정하여 AI 기술의 개발과 활용에 대한 엄격한 규제를 도입했다. AI의 인간 중심적 접근을 강조하고, 인권과 프라이버시 보호를 AI의 핵심 원칙으로 삼고 있다.

사이버 안보

AI는 사이버 안보에도 중대한 영향을 미친다. AI의 활용이 본격화되면, 사이버 공격과 방어의 모든 측면에서 지금과 다른 양상이 펼쳐질 것이다.

AI의 사이버 위협

사이버 공격에 AI 기술을 활용하면 더욱 지능적이고 자동화된 방식의 공격이 가능하다. 방어 체계를 뚫고 기밀을 유출하거나 시스템을 마비시키며, 기존 수작업의 한계를 넘어 자동화된 알고리즘과 네트워크를 통해 강력하게 전개할 수 있다. 옥스퍼드대, 인류 미래 연구소(FHI) 등 전문가들은 AI가 보안 부문에 악용될 심각한 위협을 경고한 바 있다.

사람은 인지하지 못하지만 AI 알고리즘은 인식할 수

있는 악성 데이터를 인위적으로 주입하는 경우, AI 시스템에 의해 제어되는 로봇이나 프로그램에 오작동을 유발할 수도 있다. AI가 사이버 공간의 주요 행위자로 부상하면서 단순한 해킹을 넘어 심각한 물리적 타격으로 연결될 위협에 노출되는 것이다.

생성형 AI를 이용하는 경우, 사이버 공격자는 방어자보다 비대칭적 우위에 있게 된다. 생성형 AI 시스템은 사용자가 프롬프트에 입력한 특정 정보를 어떻게 보관하고 사용하는지에 대해 설명하지 않으며 시스템 내에서 다른 정보와 통합되기 때문에 사이버 공격에 대한 추적이 어려워진다. 반면 공격자들은 생성형 AI를 활용하여 정교한 공격을 저렴한 비용과 막대한 규모로 실행할 수 있다. 텍스트, 음성, 이미지 등을 합성하고 인간 심리를 악용한 소셜 엔지니어링을 고도화하여 새롭고 효과적인 피싱 공격을 대규모로 실행할 수 있다(Shah, 2023).

데이터 안보

'데이터(Data)'는 관찰이나 측정을 통해 얻은 사실, 수치, 기록 등 정보를 의미한다. 데이터는 AI 시대 핵심 자원이다. AI는 데이터를 기반으로 학습하고 유의미한 가치 패턴을 도출하여 의사 결정을 내리기 때문에 데이터의 양과 질이 중요하다.

개인 정보, 공공 데이터, 산업 데이터, 공간데이터

데이터는 그 내용과 활용 분야에 따라 개인 정보, 공공 데이터, 산업 데이터, 공간 데이터로 구분할 수 있다.

우선 개인 정보(personal data)는 특정 개인을 식별할 수 있거나 다른 정보와 쉽게 결합하여 알아볼 수 있는 모든 정보를 포함한다. 성명, 주민 번호, 영상 등이 대표적인 개인 정보이며, 정보 주체의 사생활을 현저히 침해할 우려가 있는 경우 민감 정보에 해당한다. 개인 정보 보호법은 민감 정보의 처리를 엄격하게 규제한다.

둘째 공공 데이터는 공공 기관이 전자적으로 생성 또는 취득하여 관리하는 모든 데이터베이스를 말한다. 공공 데이터는 민간 활용을 통한 국민 편익 향상과 신사업 창출을 위해 공공 데이터 포털(www.data.go.kr), 국가과학 기술 정보 서비스(NTIS), 기초 연구 성과 제공 시스템(성과마루) 등에서 공개하고 있다.

셋째 산업 데이터(industrial data)는 산업 현장에서 기계에서 생성되는 정보를 말한다. 공장 내 각종 장비에 내장된 프로그래머블 로직 컨트롤러(PLC) 등에서 추출하거나 사물 인터넷(IoT)을 통해 수집할 수 있다. 제조

AI 활용이 늘어나고 산업 데이터 가치가 주목받게 되면서, 공장에서 생산된 데이터의 소유권이 데이터를 추출한 기업에 있는지 아니면 공장을 운영하는 기업의 권한에 속하는지가 데이터 거버넌스의 쟁점이 된다.

넷째 공간 데이터(spatial data)는 지도 기반의 위치 정보와 속성 정보가 결합된 데이터다. 위성, 드론, GPS 등 다양한 장비로 수집되며 공간 분석, 지리 정보 시스템 등에 사용된다.

안보적 접근

각국이 데이터 문제를 산업 경쟁력 강화 및 국가 안보 측면에서 접근하기 시작했다. 데이터는 AI의 성능, 신뢰도와 직결된다. 국가 민감 정보를 담은 데이터 유출, 허위 또는 왜곡된 데이터 확산, 개인 정보 접근 등 다양한 형태로 데이터 안보 위협이 야기될 수 있다. 이에 따라, 각국에서 자국 내 데이터의 생산, 저장, 이동, 활용 등에 관한 정책을 국가 이익 차원에서 검토해야 한다고 인식하면서 데이터 관리를 국가의 주권 행사로 보는 시각이 확산하고 있다(윤정현 · 홍건식, 2023).

한편, 데이터 안보 문제는 디지털 통상 협상의 핵심 의제인 데이터 자유 이동과 충돌한다. AI의 안보화 환경에 맞추어 데이터 이동 허용의 범위와 한계에 대한 국제 규범 재설계가 필요할 것으로 전망된다.

참고문헌

김상배(2020). "데이터 안보와 디지털 패권경쟁: 신흥안보와 복합지정학의 시각". 《국가전략》, 26(2).

윤정현(2019). "인공지능과 블록체인의 도입이 사이버 안보의 공·수 비대칭 구도에 갖는 의미". 《국제정치논총》, 59(4).

윤정현·홍건식(2023). "디지털 전환기의 국가전략기술과 기술주권 강화방안: D. N. A를 중심으로". 국가안보전략연구원.

조화순·김민제(2016). "사이버 공간의 안보화와 글로벌 거버넌스의 한계". 《정보사회와 미디어》, 17(2).

Harris, L.(2023). Artificial Intelligence: Overview, Recent Advances, and Considerations for the 118th Congress. Congressional Research Service.

Schmidt, E.(2022). AI, Great Power Competition and National Security. *Daedalus, 141*(2).

Shah, A.(2023). How generative AI is creating new classes of security threats. VentureBeat. https://venturebeat.com/ai/how-generative-ai-is-creating-new-classes-of-security-threats/

06
자율 무기화 경쟁

AI가 군사 분야에 활용되어 자율 무기, 정보전, AI 지휘관이 등장하고 있다. AI의 군사적 활용, 자율 무기 체계의 전력화 현황, AI와 자율 무기 기반 미래전 양상과 미중 군사 혁신 경쟁에 대해 살펴본다.

AI와 야구?

AI의 군사적 활용

AI 기술은 군사 분야에서의 혁신적인 변화를 이끌고 있으며, 이는 전쟁의 양상, 전략 의사 결정, 그리고 작전 수행에 깊은 영향을 미친다. AI의 군사적 활용은 무기 체계, 정보전 · 사이버전, 군사 전략 등에서 나타나며, 군사적 우위를 점하는 핵심 기술이다.

자율 무기

AI를 탑재한 무인 항공기(UAV)가 적의 목표를 자동으로 추적하여 공격을 실행하고, 소형 자율 드론은 실시간으로 데이터를 분석하고 상황을 평가하여 최적의 시점에 타격한다. 미국 제너럴 아토믹스의 MQ-9 리퍼(Reaper)는 대표적인 무인 항공기로 우크라이나 전쟁에서 정찰 및 정밀 타격 임무를 수행한다. 보잉의 로열 윙맨(Loyal Wingman)은 AI 기반 자율 비행 전투기로, 유인 항공기와 협력하여 공중 전투를 수행하는 시스템이다. 이스라엘 하롭(Harop)은 자율 비행을 통해 목표를 찾아 충돌하거나 자폭하여 공격을 실행한다.

AI 기반 무인 전투 차량이나 전투 로봇이 특정 지역을 정찰하면서 자율적으로 목표를 식별하여 타격한다. 러시아 우란(Uran)-9는 AI를 사용하여 자율적으로 경로를

탐색하고 목표를 인식하여 공격을 실행한다. 우크라이나군은 중기관총 탑재 전투 로봇, 도시 전투 · 건물 파괴 로봇, 각종 드론 등으로 구성된 전투 로봇 부대 '하르티야 중대'를 실전에 배치했다.

정보전

정보전(information warfare)은 적의 정보 시스템을 방해하거나 왜곡하는 전략적 활동으로, 국가 간의 정보 우위 확보와 심리적 조작을 목표로 한다.

AI는 빅 데이터 분석과 자연어 처리 기술을 활용하여, 방대한 양의 데이터를 실시간으로 분석하고 적의 의도, 전략, 동향 등을 파악할 수 있다. 예를 들어, 소셜 미디어, 뉴스, 공식 발표 등을 분석하여 적국의 정책 변화를 예측하거나 선전 활동을 추적할 수 있다.

또한, AI를 활용하여 사이버 공격을 더욱 정교하고 효율적으로 수행할 수 있다. AI가 시스템의 취약점을 분석하고 자동으로 침투 경로를 찾아내어 대규모 공격을 실행하며, 피싱 공격, 스팸 및 악성 소프트웨어를 분석하고 차단하는 역할도 한다. 실제 사례로, 2016년 미국 대선에서 러시아는 AI 소셜 미디어 봇을 활용해 여론 조작과 선전 활동을 펼쳤다.

이스라엘의 사이버 방위국(Cyber Defense Unit)은 정보전 · 사이버전 분야의 선두 주자다. AI 기반 분석 시스템을 활용하여 실시간으로 해킹 시도를 추적하고 대응한다.

AI 지휘 통제 체계

군사 전략에서 의사 결정은 관찰(Observe), 방향 설정(Orient), 결정(Decide), 행동(Act)의 네 단계로 구성된다. 의사 결정 사이클이 반복되며, 적이 결정을 내리기 전에 신속하게 행동하는 것이 핵심이다.

AI는 위성 이미지, 통신 데이터, 무인 시스템을 실시간으로 분석하여, 적의 위치나 움직임을 추적하고 전투 전략을 최적화하는 데 활용된다. 전투 시나리오 시뮬레이션, 전략 분석, 자원 배치 등을 자동으로 계산하고 최적화하여, 더 빠르고 정확한 군사적 결정을 내릴 수 있도록 지원한다. 전투 시뮬레이션으로 가상의 전투 환경을 구축하고 다양한 변수에 따른 전투 시나리오를 실행하여 전략적 대응을 미리 분석하고 준비한다. 실제 전투에서 위험을 줄이고 효율적 전투 전략을 제시한다. 지휘관은 AI 참모를 통해 전쟁 상황을 정확하게 파악하고 신속하게 대응한다.

사례로, 미국 국방부의 프로젝트 메이븐(Project Maven)이 있다. 방대한 양의 작전 및 감시 데이터를 신속하게 분석하여 표적을 포착하고 전술을 제안하는 군사용 AI 시스템 개발을 목표로 2017년 출범했다. 팔란티어가 데이터 통합 및 AI 기반 분석 플랫폼을 제공한다. 우크라이나 전쟁에서 실력을 입증한 메이븐 스마트 플랫폼이 핵심 요소로 포함된다.

자율 무기 체계 진화

자율 무기 체계(autonomous weapon system)는 인간의 입력이나 조작 없이 환경에 대한 작용이나 상호 작용을 통해 작업이나 일련의 작전을 수행할 수 있는 시스템을 의미한다. 이동 전투 플랫폼, 각종 감시 센서, 정보 처리 시스템, 목표물을 공격하는 알고리즘 등이 통합된 시스템이다. 시스템이 활성화되면 인간 조작자 개입 없이 목표물을 선택하고 공격한다.

자율화 수준

무기가 자율화된 정도에 따라 세 가지 수준으로 분류한다. 첫째, 휴먼 온 더 루프(human-on-the-loop)다. 인간 조작자가 비정상적으로 높은 수준의 피해가 발생하기 전에 개입하고 교전을 종료할 수 있도록 설계된 자율 무기 체계다. 사례로 방어 무기 시스템이 있다. 이는 프로그램에 따라 목표를 독립적으로 선택하고 공격하지만, 모든 작전을 인간이 완전히 감독한다. 둘째, 휴먼 인 더 루프(human-in-the-loop)다. 인간 조작자가 선택한 개별 목표나 특정 목표 그룹에 공격을 수행하도록 의도된 것이다. 사례로 유도탄이 있다. 이는 특정 목표 위치로 발사되면 해당 지역 내에 미리 프로그래밍된 목표를 찾아 공격한다. 셋째, 휴먼 아웃 오브 더 루프(human-out-of-the-loop)다. 인간 조작자의 추가 개입 없이 목표를 선택하고 교전을 수행할 수 있다. 시스템이 일단 활성화되면 자율적으로 목표를 찾아 공격한다(DoD, 2023).

전력화 사례

AI 기반 자율 무기 체계는 전장에서 혹은 미래전 대비 훈련에서 속속 드러나고 있다.

우크라이나 전쟁에서 소형 저가 드론이 전차를 격파하고 방공망을 무력화하면서 전장 패러다임을 바꾸고 있다. 팔란티어의 메이븐이 러시아군 위치를 파악하고 무기·장비를 찾아낸다.

이스라엘은 하마스와의 전쟁에서 적군과 아군을 식별

하는 알고리즘 라벤더(Lavender)와 구조물을 식별하는 알고리즘 웨어스 대디(Where's Daddy?)를 사용하여 적군을 찾아내고 정밀하게 타격했다.

중국 인민 해방군(PLA)은 수십 년간 쌓은 전략을 학습시킨 AI 사령관을 이용해 최선의 시나리오를 도출하는 컴퓨터 워 게임을 진행한다. 해상에는 무인 드론과 소형 선박 떼를 활용한 킬 웹(kill web) 작전을 시뮬레이션 중이다.

AI 군사 혁신 경쟁

군사 혁신(RMA, revolution in military affairs)은 기술, 조직, 전략의 변화가 복합적으로 작용해 군사력의 성격과 전쟁 수행 방식에 근본적인 변화를 가져오는 현상을 말한다. 무기나 전력 보강을 넘어, 전쟁 패러다임이 전환되는 것을 의미한다. 역사적으로, 1차 RMA는 화약 무기 도입, 2차 RMA는 산업화와 기계화 전쟁, 3차 RMA는 정보화 군사 혁신이 있었으며, 지금은 AI 기반 자율 무기 체계와 네트워크 전쟁 중심의 4차 군사 혁신 단계에 있다(윤대엽, 2024).

미래전 양상

미래 무기 신기술은 6대 전장 기능(감시 정찰, 지휘 통제, 화력, 기동, 방호, 지속 지원) 전반에 적용된다. 감시 정찰 분야에 위성, 무인 로봇, 자기 탐지기, 입자 빔 센서, 무인 소나 등, 지휘 통제 분야에 클라우드, AI 참모, 양자 컴퓨팅, AI 전자전, 인간-기계 인터페이스 등, 화력 분야에 극초음속 무기, 레이저 무기, 고출력 마이크로파, 레일 건 등, 기동 분야에 무인 전투 체계(전차, 로봇, 함정, 항공기), 인간 강화 장치, 사이보그, 나노 물질 등이 거론된다(설인효, 2021).

이러한 기술적 변화를 감안할 때, 미래전은 '지능화 전쟁'일 것이다. 기계화 전쟁의 경우'화력과 기동으로 제공권과 해상권을 장악하는 데 주력하였고, 정보화 전쟁에서는 감시 및 지휘 통제 체계(C4ISR)를 보호하면서 적의 감시 및 지휘 통제 체계를 와해시켜 정보 우세를 달성하는 것이 중요한 과업이었다. 미래 지능화 전쟁은 AI 기술 기반의 지능 우세를 달성하고 6대 전장 기능을 통합 운용하는 것이 핵심이 될 것이다. 전장 기능의 모든 단계에 걸쳐 인간 개입을 최소화하고 우수한 지능의 AI를 얼마나 활용하느냐가 전투 효과성을 좌우할 것이다(박창희, 2021).

미래 지능화 전쟁은 다음 특성을 가진다. 첫째, 속도

의 경쟁이다. 지능화 전쟁에서는 관찰, 판단, 결심, 행동이 초연결과 초지능으로 순식간에 이루어져 전투 순환 주기(ODDA loop)가 거의 제로에 수렴하고, 전쟁 양상이 거리의 경쟁에서 속도의 경쟁으로 전환된다. 둘째, 분산전 양상을 띨 것이다. 정확하고 치명적인 자율 무기의 등장으로 전장에 집결된 병력, 무기, 자산의 생존 확보가 어려워진다. 전쟁 수행의 전 과정에 걸쳐 분산된 상태에서 조화로운 작전을 도모할 것이다. 셋째, 인지전으로 규정될 것이다. 인지전은 국가나 단체가 적국의 인지 메커니즘을 조작하여 군사력을 약화하거나 파괴한다(윤민우 · 김은영, 2023).

미중 AI 군비 경쟁

미국과 중국을 중심으로 AI의 무기화를 위한 군비 경쟁이 가열되고 있다. 이들은 최신 기술과 제한된 자원을 최대한 전력화하여 적대국의 위협을 억지하고자 한다.

미국 국방부는 2018년 미래의 작전 환경에 AI 통합을 목표로 'AI 전략'을 수립하고, AI 정책을 총괄할 합동 인공지능 센터(JAIC)와 민간 선도 기술을 국방 분야에 접목하는 국방 혁신단(DIU)을 신설했다. 바이든 정부 들어, 디지털 · AI 최고 사무국(CDAO)이 출범하고, 무인

기와 AI를 결합하는 레플리케이터(Replicator) 프로젝트를 발표했다. 트럼프 2기 정부는 군사 작전 의사 결정을 자율화하는 선더포지(Thunderforge) 프로젝트를 스케일AI와 계약했다.

중국은 2017년 차세대 AI 발전 계획에서 "AI 기술을 고도화하여 신속하게 국방 분야로 편입"하겠다는 전략을 밝혔다. 자율 무기 체계(무인 전투기 · 드론, AI 극초음속 미사일, AI 유도 어뢰 등), AI 전장 관리 · 지휘 체계(지능형 전투 지휘 시스템, 전투 네트워크, 전투 시뮬레이션 등), AI 정찰 · 감시 · 사이버전, AI 기반 방어 시스템, AI 전투 로봇 분야에 기술 역량을 집중하고 있다.

참고문헌

박창희(2021). "인공지능 시대와 지능화 전쟁: 제지능권 개념과 지능우세 달성 방안". 《국방정책연구》, 133.

설인효(2021). "미중 군사혁신 경쟁과 미래전: 미국의 미래전 구상을 중심으로". 《합참》, 87.

윤대엽(2024). "인공지능의 무기화 경쟁과 인공지능 군사혁신". 《국제정치논총》, 64(1).

윤민우·김은영(2023). 《모든 전쟁: 인지전, 정보전, 사이버전, 그리고 미래전쟁에 대한 전략이야기》. 박영사.

DoD(2023). Autonomy in Weapon System. Directive 3000.09. https://www.esd.whs.mil

07
AI 동맹과 연대

기술 혁신이 외교 · 안보 패러다임에 근본적인 변화를 가져와, 동맹 정치가 군사 동맹 중심에서 다층적 복합 동맹 네트워크 경쟁으로 변화하였으며, 유사 입장국 간의 소다자 연대와 협력이 활발해졌다.

AI와 윤동주?

외교·안보 환경

AI 시대의 외교 · 안보 환경은 기술 혁신이 외교 · 안보 패러다임과 전략적 여건에 근본적 변화를 일으키는 국면이다. AI가 단순한 기술 도구를 넘어서 권력의 구조를 재편하고, 의사 결정 속도와 방식, 국제 규범의 방향에 중대한 영향을 미친다.

주요 변화는 다음과 같다. 첫째, 외교의 디지털 전환이다. 초연결 사회 외교는 디지털 커뮤니케이션 플랫폼을 통해 비대면 · 실시간 · 데이터 중심의 행위 양상으로 변화한다. AI 기반 공공 외교, 사회관계망서비스(SNS) 기반 외교 메시지 관리, 자동화된 위험 탐지와 대응 시스템이 활성화된다. 둘째, 안보 위협의 변화다. AI는 사이버전, 정보전, 자동화된 감시 체계 등을 통해 전통적인 군사 충돌이 아닌 디지털 기반의 위협을 증가시킨다. 자율 무기, 알고리즘 공격, 딥페이크를 활용한 여론 조작 등은 예측 불가능한 갈등 유발 요소로 작용한다. 셋째, 전쟁 양상의 변화다. 전쟁이 속도 중심 지능화 경쟁 양상으로 전개되며, AI를 활용한 전략적 기민성과 선제성이 강조된다. 자율 무기 체계, 무인 전투 플랫폼 등은 전장의 인간 개입을 축소시켜 윤리적 · 법적 논쟁을 불러일으킨다.

AI 안보 딜레마

키신저(Kissinger)는 'AI 안보 딜레마(AI security dilemma)'를 제기했다. 자국 안보를 위해 AI를 개발하지만, 오히려 다른 국가를 자극하여 안보 환경이 불안정해진다는 것이다. AI는 자율적 판단, 빠른 학습과 반응 속도를 갖기 때문에, 일단 전력화되면 기존 억지 체계(deterrence)가 무력화된다. 한 국가가 AI 무기를 개발하면, 다른 국가들도 위협을 느껴 경쟁적으로 개발하게 되며, 통제되지 않는 군비 경쟁으로 이어진다. AI가 전쟁 개시, 표적 선택 등 결정적으로 중요한 군사 판단을 대체할 경우, 인간 중심의 윤리적, 정치적 통제가 어려워지며, 외교의 철학적 기반이 무너진다. 핵 억지와 달리, AI는 탐지 · 예측이 어렵고, 사이버전 · 자율 무기 등 비대칭적, 비선형적 방식으로 활용 가능하므로, 전통적인 억지 모델이 작동하지 않는다.

AI 안보 딜레마는 AI가 외교, 국제 질서, 정치 철학 전반에 걸쳐 인간 존재와 인식, 결정의 본질에 대한 도전이 될 수 있음을 보여 준다. AI가 냉전 시대 핵무기보다 복잡하고 통제가 어려운 인류의 위협이 될 수 있다. 따라서 AI 시대 외교 · 안보는 기술 경쟁이 아니라 상호 신뢰와 지혜에 기반한 국제 질서 재구성의 문제로 접근해야 하며, 국가 간 협력을 통한 국제 규범 및 윤리 기준의 수립과 AI 군사 기술 사용에 대한 국제적 레짐이 구축되어야 한다(Kissinger et al., 2024).

AI 동맹 정치

현실주의는 국가들이 동맹을 통해 힘의 균형을 달성하고 전쟁을 예방한다고 설명한다. 전통적 동맹 체제는 군사력과 경제력 중심으로 형성되었지만, 오늘날에는 경제, 기술, 안보 문제가 긴밀하게 연결된 복합 위기 상황에 대응하기 위한 기술 동맹과 공급망 연대가 강조되고 있다.

동맹 정치

스나이더(Snyder)는 동맹이 외부의 적을 상대할 뿐만 아니라 동맹 내부의 다양한 이해관계를 조율하는 복잡한 문제라고 하면서, 동맹 정치(alliance politics)의 두 가지 딜레마를 지적했다. 첫째, 방기다. 자국이 동맹에 포함되어 있음에도 외적이 침략했을 때 도움을 받지 못할 위험을 말한다. 둘째, 연루다. 자국의 동맹 중 누군가가 전쟁을 하게 되었을 경우 휘말릴 가능성을 말한다. 동맹이 국가의 안보에 도움을 주기도 하지만, 운용을 잘못했을 경우 오히려 국가의 안위를 위태롭게 할 수 있는 것이다(Snyder, 1984).

미중 경쟁이 동맹 정치와 결합하여 국제 정치의 핵심으로 부상하고 새로운 질서를 형성되고 있다. 미국 오바마 행정부의 '아시아로의 회귀(Pivot to Asia)'는 중국의 영향력을 견제하기 위한 동맹 네트워크를 구축하려는 전략이었다. 중국도 역시 비동맹 노선에서 벗어나 상하이 협력기구(SCO), 브릭스(BRICS) 등 소다자 협의체에 주도적으로 참여하고, '일대일로(Belt and Road Initiative)' 구상을 통해 자국 중심의 협력 네트워크 구축을 추진했다. 이러한 미중 동맹 네트워크 경쟁은 코로나19를 겪으면서 심화되었다. 2021년 출범한 바이든 행정부는 쿼드(QUAD, 미국 · 일본 · 호주 · 인도), 오커스(AUKUS, 미국 · 영국 · 호주), 인도 태평양 경제 프레임워크, 민주주의 정상 회의 등 자유주의 다자 협의체를 출범시키고, 아시아 지역에서 칩4(Chip 4, 미국 · 한국 · 대만 · 일본)와 한미일 협력을 강화하면서 중국을 압박했다. 한편, 2022년 우크라이나 전쟁을 계기로, 중국 · 러시아 · 북한 중심의 권위주의 동맹망이 강화되고, 중국이 자국의 감시기술과 제도를 다른 국가에 전수하면서 연대를 확장하고 있다. 초연결된 상호 의존 환경에서 각국은 양자 · 소다자 · 다자의 다층적 연대를 통한 네트워크 권력을 추구한다.

AI 동맹 네트워크

AI는 동맹의 대상과 전략 목적, 구성 방식에도 근본적인 변화를 가져온다. 첫째, AI를 활용한 사이버 공격, 정보전, 감시 기술의 확산으로 전통적 군사 위협 외에 비군사적 안보 위협이 동맹의 대상이 되고, 기술, 데이터, 사이버, 디지털 거버넌스와 같은 새로운 안보 의제 대응이 강조된다. 둘째, 미국과 중국을 중심으로 한 AI 기술 패권 경쟁은 동맹국에게 기술 · 공급망 진영 선택을 압박하고 있다. 반도체, 클라우드, 데이터, AI 윤리 등 영역에서 공급망 · 표준 · 법제도 협력을 요구한다. 셋째, 북대서양조약기구(NATO)와 같은 기존 군사 동맹에 더해, AI 기술 중심의 협력 · 연대가 부상하고 있다. 오커스(AUKUS)의 AI · 양자 협력, G7의 AI 행동강령, EU-US 통상 기술 위원회(TTC), 인도 태평양 경제 프레임워크(IPEF)의 기술 위원회 등이 사례다.

소다자 AI 파트너십

현재의 국제 질서는 국가 간의 세력 균형을 넘어, 전후 자유주의 국제 질서와 각축하는 대안적 질서 간의 균형 또는 질서 전이(order transition) 시대라고 할 것이다. 이러한 상황에 자국의 이상을 실현하려면 동맹국들과의 전략적 파트너십을 확대해야 한다. 국가 간의 동맹이 이익 공유, 세력 균형 대응을 넘어 새로운 질서를 향한 연대로 나아가고 있다(전재성, 2021).

소다자주의

마음이 맞는 유사 입장국(like-minded countries)을 모아 장기적으로 협력 연대를 구축하는 것이 중요해지면서 소다자주의(mini-lateralism)가 주목되고 있다. 소다자주의는 탈냉전기 소수국 간의 협력을 지칭하는 용어로 사용되었으며, 특정한 목적을 위해 그때그때 필요에 의해 기민하게 협력하는 느슨한 협력 네트워크를 의미한다. 미국의 소다자 협력은 기존 질서에 도전하는 수정주의 세력의 도전을 억제하는 동시에, 미래의 문제들을 해결할 새로운 질서를 만드는 두 가지 목표를 동시에 추구한다.

소다자 AI 협력

서방 7개국 모임 G7(미국, 영국, 독일, 프랑스, 이탈리

아, 캐나다, 일본)은 AI 미래 비전을 제시하고 국제 AI 윤리 규범 논의를 주도하고 있다. 2023년 의장국인 일본은 히로시마 AI 프로세스를 주도하여, 작업반을 통해 AI 시스템 개발자에 대한 지도적 원칙과 행동 강령을 마련하여 발표함으로써 관련 국제 규범 논의에 방향성을 제시했다.

인도 태평양 경제 프레임워크(IPEF)는 미국이 쿼드 기반으로 중국을 포위하는 아시아 동맹 네트워크 전략이며, 경제, 기술, 보건, 환경 등 새로운 안보 의제들을 담은 포괄적 동맹이다. 이는 오바마 행정부 인도태평양 전략이었던 아시아로의 회귀가 협정 형태로 발전한 것이며, 공급망, 인프라, 기후 변화 등 역내 경제 번영에 대한 위협을 포괄적으로 억제하려는 구상이다.

칩4(Chip 4)는 미국이 주도하고 한국, 일본, 대만이 참여하는 반도체 협의체로서, 중국의 반도체 굴기를 견제하기 위해 출범했다. 미국은 반도체 원천 기술, 일본은 반도체 소재와 장비, 대만은 파운드리, 한국은 메모리 시장을 이끌고 있으며, 4개국은 동 협의체에서 반도체 공급망 및 기술 협력을 논의했다.

한미 동맹과 AI 기술 협력

한미 동맹은 1953년 체결된 상호 방위 조약을 기반으로 형성된 군사 중심 양자 동맹에서 출발했지만, 2022년 안보, 경제, 기술, 가치 협력까지 포괄하는 전략적 포괄 동맹으로 진화했다.

한미일 협력

한미일 삼각 협력은 기존의 한미, 한일 및 미일 중심 양자 동맹에서 벗어나, 새롭게 직면하는 위기에 공동 대처하기 위한 소다자 협력을 구축한 점에서 중요한 의미가 있다. 미국은 태평양 전쟁 이후 동아시아 다자 안보 제도를 만들고자 하였으나 성립되지 못하고 양자 동맹을 연결하는 바큇살(hub & spoke) 체제를 유지해 왔다. 2023년 캠프 데이비드 한미일 협력은 기존 동맹 체제를 보완하고, 새로운 사안에 유연하게 협력하는 네트워크를 제공한다(전재성, 2023).

한미 AI 협력 방향

AI는 한미 동맹의 강화 측면에서도 중요한 사안이며 양국 간 다양한 기술 협력 채널이 있다. 2024년 양국은 AI 협력을 강화하기 위해 한미 AI 워킹 그룹을 출범했고, 기술 표준원은 미국 국가 표준 기술 연구소(NIST)와 한미 표준 협력 포럼을 개최했다.

한편, 트럼프 2기 행정부는 바이든 행정부의 AI 규제를 철회하고 대규모 AI 인프라 프로젝트에 주력하고 있다. 트럼프는 취임 직후 '미국의 AI 리더십 장애 제거 행정 명령(Executive Order 14179)'에 서명했다. 한국의 AI 외교가 지정학적 안보 환경을 충분히 감안하여 미국과 전략적 파트너십을 추구하고, 다른 우방국과도 신뢰 구축을 병행해야 한다(송태은, 2025).

참고문헌

송태은(2025). "트럼프 행정부 2기 AI 정책과 한미동맹의 AI 협력 전략". 《IFANS 주요국제문제분석》. 외교안보연구소.

전재성(2021). "세계질서에 대한 국제정치이론적 고찰". 《세계질서의 재편과 신한반도 체제》. 통일연구원.

전재성(2023). "한미일 캠프 데이비드 정상회담의 전략적 함의와 향후 과제". 《통일정책연구》, 32(2).

Kissinger, H. et al.(2024). War and Peace in the Age of Artificial Intelligence: What It Will Mean for the World When Machines Shape Strategy and Statecraft. Foreign Affairs. https://www.foreignaffairs.com/united-states/war-and-peace-age-artificial-intelligence

Snyder, G. H.(1984). The Security Dilemma in Alliance Politics. *World Politics, 36*(4).

08
AI와 미래 국제 질서

AI 분야 국제 규범을 형성하고 이를 기반으로 평화 체제를 구축하는 것은 국제 사회의 중요한 관심사다. 국제적 AI 원칙, UN 차원의 AI 거버넌스 논의, 군사용 자율 살상 무기 체계(LAWS) 규율, REAIM 고위급 회의 등 주요 현안을 설명한다.

AI와 한의학?

AI와 국제 규범

이스라엘은 하마스와의 전쟁에 AI 시스템을 활용했다. AI를 통해 목표물을 식별하고, 이를 기반으로 헤즈볼라에 동시다발적 공격을 감행하며, 부비 트랩을 원격으로 폭발시켜 타격을 준다. 그간 AI에의 국제 규범 적용이 이론적 논의에 그쳤지만, 실제 군사 작전에 활용되면서 현실적 문제로 다가왔다.

현재로서는 AI 관련 포괄적 조약이 체결되거나 이에 관한 국제 관습법이 발전한 단계가 아니므로, AI의 사용에 대해서는 원칙적으로 기존 국제 규범을 적용해야 한다. 비록 AI가 등장하기 이전에 형성된 국제 규범이라고 할지라도, 중요한 원칙들은 사회 변화를 반영한 진화적 해석(evolutionary interpretation)을 통해 유연하게 접근할 필요가 있다.

첫째, AI의 행위에 대한 국제법상 국가 책임 인정이 문제 된다. AI가 어느 정도 자율성을 가지고 일정한 결정과 행위를 하더라도, 정부 기관이 직접 AI를 활용하여 기존 국제법상 의무를 위반하였다면 해당 국가는 국가 책임을 면할 수 없을 것이다. 한편, 개인, 기업 등 사인이 AI 기술을 활용하여 다른 국가의 영토, 인명, 재산 등에 중대한 손해를 가한 경우에는 국제법위원회(ILC) 국가 책임 초안상 원칙을 적용하여 판단할 수 있다. 만약 사인이 정부 권한을 행사하거나 국가의 통제하에 행위했다면 그 국가는 책임을 부담한다. 자국 내 사인이 타국에 중대한 손해를 가할 것을 알았음에도 상당한 주의를 다하지 않은 경우에도 국가 책임 여지가 있다.

둘째, AI를 활용하여 전쟁을 수행하는 경우 기존의 국제 인도법이 적용된다. 유엔 헌장은 자위권을 제외한 무력행사를 금지하고 있다. 1949년 4개의 제네바 협약은 실제 전쟁이 발발하는 경우 무력 사용 방법과 허용 범위를 규정하고 있다. 전투원이 아닌 민간인과 민간 시설을 목표물로 공격한다면 국제 인도법 위반에 해당될 수 있다. 인간의 개입 없이 AI가 자율적으로 의사 결정을 내린 경우라고 하더라도 동일하다.

셋째, AI의 개발과 활용과 관련한 국제 인권법적 접근이 활발해지고 있다. AI로 인해 민감 정보, 사생활 등 개인의 권리가 침해되거나 알고리즘 편향으로 차별적 결과를 가져올 수 있다. 다른 한편, AI에 대한 과도한 규제가 오히려 표현의 자유를 저해하고 소수 표현을 억압할 우려도 있다. 유엔 인권 이사회(UNHRC) 등은 AI 기술이 인권에 미치는 영향을 객관적으로 평가할 시스템을 마련하는 방안을 논의하고 있다.

넷째, 국가는 자국의 국내 문제에 대한 배타적 관할의 권리를 가지며, 다른 국가의 국내 문제에 간섭할 수 없다. 그런데 AI의 개발과 활용에 국경이 없다. AI 알고리즘은 인터넷을 통해 국경을 넘어 영향을 발휘한다. 일례로, 러시아의 정부 기관이 AI를 활용하여 미국의 대선 과정에 개입할 수 있다. 이는 국내 문제 불간섭 원칙에 반하게 된다(강태욱 외, 2024).

국제적 AI 원칙

국제적 차원에서 AI 원칙과 윤리 규범에 대한 논의가 활발하다. 이러한 합의가 비록 권고나 추상적 노력 의무에 그치고 있지만, 향후 국제법의 일반 원칙으로 발전될 수 있다는 점에서 주목된다. 일례로, 1972년 스톡홀름 선언, 1992년 리우 선언의 내용들이 이후 국제 환경법의 일반 원칙으로 발전했다. 만약 AI 원칙들이 국제법 일반 원칙으로 발전한다면 그 자체로 법 규범으로서 구속력을 가지며, 국가의 행위를 지도하고 평가하는 잣대가 되고 구체적 의무의 존재와 내용을 해석하는 데 고려 요소가 된다.

경제협력개발기구(OECD) 이사회는 2019년 AI에 대한 인간 중심적 접근을 촉진하는 'AI 권고'를 채택했다.

인권과 민주적 가치를 보장하고 신뢰할 수 있는 AI 구현을 목적으로 하여, 세션 1 '신뢰할 수 있는 AI의 책임 있는 관리를 위한 원칙'에서 포용적 성장, 지속 가능 개발 및 복지, 인간 중심 가치와 공정성, 투명성과 설명 가능성, 견고성, 안전성, 책임성 등 5개 원칙을 제시했다. 세션 2 '신뢰할 수 있는 AI를 위한 국가 정책 및 국제 협력'에서는 각국 정부 간 협력을 강조했다. 동 권고는 최초로 국가 간 합의된 AI 원칙이며, 70여 개 국가에 받아들여지고 있다. 또한 생성형 AI의 확산에 대응하여 2023년과 2024년 AI 원칙 개정안을 채택했다. 동 권고는 AI 시스템으로 인한 안전 우려 해결, 생성형 AI의 잘못된 또는 허위 정보 해결, AI 시스템 전 주기에 걸쳐 책임 있는 비즈니스 강조, AI 시스템에 관한 명확한 정보 제공, 관할권 간의 국제 협력 등을 포함했다. 각국 AI 정책에 대한 글로벌 기준을 제시한 것으로 평가된다(김호철, 2024).

한편, 국가 간 협정에 AI 원칙이 포함되는 경우도 있다. 일례로, 디지털 경제 동반자 협정(DEPA) 제8.2조는 AI 거버넌스 채택에 있어 설명 가능성, 투명성, 공정성, 인간 중심 가치 등 국제적인 원칙 또는 지침을 고려하도록 규정했다.

UN 차원의 AI 거버넌스

UN 차원에서 AI의 안전하고 윤리적 활용을 촉진하기 위한 거버넌스 논의가 다각적으로 진행되고 있다. AI 개발 및 사용과 관련하여 인권 존중, 투명성과 책임성, 데이터 보호, 디지털 격차 등을 주로 다루며, 각국 AI 규율의 조화와 구속력 있는 국제 규범 마련을 노력한다(고준성, 2024).

인류를 위한 AI 거버넌스

2023년에 AI 거버넌스 검토를 위한 '고위급 AI 자문 기구(AI Advisory Body)'가 출범했다. 자문 기구에는 각국 전문가, 정부 관료, 학자 39명이 참여하였으며, 2024년 "인류를 위한 AI 거버넌스" 최종 보고서를 발표했다.

동 보고서는 수백 개의 AI 가이드, 프레임워크, 원칙 등이 각국 정부, 기업, 국제기구에서 채택되고 있어 AI 거버넌스에 대한 집단적 일관성이 부족하다고 평가하고, UN이 국제 협력을 기반으로 세계적으로 포용적이고 분산된 AI 거버넌스 토대를 마련할 것과 모든 정부와 이해관계자가 인권의 보호와 발전을 촉진하기 위해 AI 거버넌스에 협력할 것을 촉구했다.

글로벌 AI 거버넌스를 위한 7가지 정책 사항으로, AI

국제 과학 패널 설립, AI 거버넌스 정책 대화 실시, AI 표준 교환 제안, 글로벌 AI 역량 개발 네트워크 구축, 글로벌 AI 펀드 마련, 글로벌 AI 데이터 프레임워크 육성, UN 사무국 내 AI 사무실 신설 등을 권고했다.

UN 총회 결의

2024년 3월 UN 총회는 지속 가능한 발전에 도움이 될 안전하고 보안성과 신뢰성을 갖춘 AI 시스템 촉진에 관한 결의안(A/78/L/49)을 채택했다.

모든 회원국과 이해관계자에게 국제 인권법을 준수할 수 없거나 인권에 과도한 위험을 초래하는 AI 시스템의 사용을 중단할 것을 촉구하였고, 인간이 오프라인에서 누리는 권리가 AI 시스템의 전 주기에 걸쳐 동일하게 보호되어야 한다는 점을 확인했다.

UN 결의가 그 자체로 법적 구속력은 없지만, AI의 안전하고 윤리적인 활용을 위한 국제적 합의의 첫걸음으로 평가된다. 또한, 국제전기통신연합(ITU), 유네스코(UNESCO), 유엔 인권 이사회 등 기존 작업을 보완하고 향후 UN 차원의 AI 논의 모델로 활용될 것으로 기대한다.

글로벌 디지털 협약

UN 사무총장 주도로 AI 거버넌스를 포함하는 글로벌 디지털 협약(GDC, Global Digital Compact)이 마련되었다. 디지털 협력 고위급 패널에서 2019년 "디지털 상호 의존 시대" 최종 보고서를 제출하였고, 사무총장은 2020년 '디지털 협력 로드맵(A/74/821)'을 발표했다. 이에 따라, 2021년 글로벌 디지털 협약(GDC)이 제안되고, 2024년 협약 초안이 UN 정상 회의에서 승인되었다.

군사용 AI 규율

국제 사회는 자율 무기 체계 확산이 가져올 인류 생존의 위협을 우려하고, 다양한 방식으로 국제 규범을 논의해왔다. 특히 특정 재래식 무기 금지 협약(CCW) 당사국이 설치한 자율 살상 무기 체계에 관한 정부 전문가 그룹(GGE LAWS)이 논의를 주도했다.

CCW 자율 살상 무기 논의

2013년 CCW 당사국 총회는 자율 살상 무기(lethal autonomous weapon systern)를 논의하기 시작했다. 2017년 CCW 자율 살상 무기 정부 전문가 그룹이 설립되고, 2018년 AI 등 자율 기술을 활용한 살상 무기의 특성, 인간 통제, 정책 방안, 군사적 적용 등에 대한 11개 항의 지도 원칙을 채택했다.

하지만 인간의 개입이 없는 군사용 AI의 행위에 대한 국가 책임 문제가 걸림돌이 되었다. 국제법상 국가 행위는 인간의 작위 또는 부작위로 판단하며, 인간은 알고 통제하는 것에 대해서만 책임을 지므로, AI와 같은 지능적 실체의 행동은 책임 공백이 생길 수 있다. 이에 대해 AI의 군사적 이용에 대한 포괄적 규제를 지지하는 진영과 과도한 규제로 인한 연구 개발 위축을 우려하는 진영 간에 의견이 대립하는 실정이다(박현석, 2023).

REAIM 출범 등

CCW에서의 교착 상황을 타개하고 규율 범위를 확장하기 위해, 군사 분야에서 AI의 책임 있는 활용을 위한 고위급 회담(REAIM, Responsible Artificial Intelligence in the Military Domain Summit)이 출범했다.

2023년 2월 네덜란드 헤이그에서 개최된 1차 REAIM 고위급 회의에는 80여 개국 정부 대표와 유엔군축 고위대표, 기업, 학계 등이 참석하였으며, AI의 특성 이해, AI의 군사적 개발 · 배치 · 이용의 혜택과 문제점, 다양한 이해관계자 간 거버넌스 수립 방안을 논의했다. 2024년에는 서울에서 외교부와 국방부 공동 주관으로 REAIM 회의가 개최되었으며, 군사 분야 AI 규범 마련을 위한 "행동을 위한 청사진(Blueprint for Action)" 문서를 채택했다(외교부, 2024).

한편, UN 총회는 2023년 자율 살상 무기 체계에 관한 결의(Resolution 79/62)를 채택했다. 동 결의는 인간의 개입 없이 자율적으로 인간 표적을 선택하는 킬러 로봇 개발이 가져올 심각한 도전과 우려를 인정하고 AI 무기에 대한 국제적 규제를 촉구했다.

참고문헌

강태욱 외(2024). "인공지능과 국제법". 법률신문.

고준성(2024). "국제 차원에서의 인공지능(AI) 거버넌스 논의 동향과 평가 및 시사점". 《외교》, 150.

김호철(2024). 《인공지능 거버넌스》. 커뮤니케이션북스.

박현석(2023). "인공지능의 군사적 이용에 대한 국제적 규제". 《홍익법학》, 24(3).

외교부 보도자료(2024.9.10). "2024 인공지능의 책임있는 군사적 이용에 관한 고위급회의(KEAIM) 결과". 외교부 홈페이지.

09
AI와 경제적 상호 의존

AI 기술은 교역의 대상과 방식에 변화를 가져온다. 교역을 통한 경제적 상호 의존이 세계 평화를 보장한다는 기본 전제가 도전받고 있다. AI 시스템의 교역에 적용할 새로운 통상 규범이 요구된다.

AI와 화장품?

경제적 상호 의존론

칸트는 〈영구 평화론〉에서 평화는 국가와 개인이 법과 도덕 원칙을 기반으로 서로 존중하고 협력할 때 가능하다고 주장하였고, 이러한 인식에 기반하여 국가 간 무역 관계가 상호 협력을 촉진하고 갈등을 줄여 준다는 '경제적 상호 의존론(economic interdependence theory)'이 등장했다. 경제적 상호 의존론의 논리는 다음과 같다. 첫째 경제적 상호 의존 국가 간에는 전쟁으로 무역이 감소되면 모두 손해를 보기 때문에 갈등과 분쟁을 자제한다. 둘째 개별 국가 내에서 무역으로 이득을 보는 집단의 영향력이 강해지고 이들이 국가 간 평화적 관계 유지를 압박한다.

AI 기술은 통상에도 많은 변화를 가져온다. 커뮤니케이션, 수요 예측, 물류비용 등에서 경제적 효율성을 높이고 언어 장벽을 해소하여 국제 거래를 전례 없이 증가시킬 것이다. 다만, AI 시대 경제적 상호 의존의 확대가 세계 평화를 증진할 것인지에 대해서는 다양한 의견이 있다. 한쪽에서는 무역으로 이득을 보는 국내 집단이 정치적 영향력이 크고 평화적 관계를 선호한다는 점에서 세계 평화에 도움이 될 것이라고 본다. 다른 쪽에서는 AI 도입으로 무역 패턴이 다변화되고 대체 시장을 찾는 것이 상대적으로 용이해지면 상호 의존이 느슨해지고 평화적 효과는 감소할 것이라고 지적한다. 또한 자본이 풍부한 국가들이 상대적으로 이득을 보게 되면 새로운 갈등 요인이 될 수도 있다.

한편, AI 시대 경제적 상호 의존은 기술 중심의 국제 정치 질서를 형성하는 동력이 되고 있다. 데이터, 기술 플랫폼, AI 생태계에서 상호 의존과 협력은 단순한 경제적 문제를 넘어서 외교 안보 전략의 핵심 영역으로 부상하고 있다. AI 기술에 대한 무역 제재, 수출 통제, 데이터 접근 제한 등 경제적 상호 의존을 외교 · 안보 수단으로 활용한다. AI 기술 공급망과 투자 통제를 둘러싼 경제 안보 외교와 기술 동맹 중심의 전략적 연대가 강화되고 있다. 각국이 상호 의존성을 전략 자산으로 보면서 능동적 외교를 펼친다(이승주, 2024).

AI 시스템과 통상 규범

AI는 컴퓨터에 저장된 데이터로 학습된 파라미터와 알고리즘 소스 코드 형태로 존재한다. 실물 세계에서는 인식, 논리, 동작이 결합된 'AI 시스템'으로 특정한 과업을 수행한다. 일례로, 자율 주행 시스템의 경우, 각종 주행 데이터와 규칙으로 학습한 다음, 실제 환경에서 센서로 주변을 인식하고 알고리즘이 수많은 시뮬레이션을 거쳐 선택지를 권고하며 주어진 목표에 맞춰 자율적으로 자동차를 구동시킨다. AI 시스템에 기반한 제품의 지능화와 생산 공정 무인화가 가속화되고 있으며, 이러한 AI 시스템은 설계, 검증, 구축, 운영 · 모니터링의 전 생애 주기에 걸쳐 데이터, 인력, 컴퓨팅 설비 및 서비스의 자유로운 국경 이동을 필요로 한다.

세계무역기구(WTO) 규범은 AI 교역에도 적용된다. WTO 규범이 AI를 명시하지는 않았지만 그 적용에 교역 방식의 제한을 두지 않으므로 기술 중립적으로 해석하여 적용한다. 그런데 이러한 낡은 규범 틀로 AI 교역을 규율하는 것은 다양한 법적 불안정을 야기한다. 첫째, WTO 규범은 상품 무역과 서비스 무역을 엄격하게 구분하여 다르게 규율한다. AI 시스템의 경우 상품과 서비스가 융합되고 알고리즘 추론을 통해 동작이 이루어지기 때문에 적용 규범 판단이 어렵다. 둘째, AI 제품 관련 각종 기술 규제에 대한 통상법 규율이 효과적이지 못하다. 각국이 자율 주행을 사용되는 AI 오토파일럿의 안전 기준 규제를 불합리한 방식으로 도입하더라도, 상품 자체에 대한 기술 규정이 아니므로 기존 기술 무역 협정(TBT)으로 규율하기 어렵다. 셋째, 개인 정보 및 민감 데이터 보호 등 AI 교역 관련 정당한 규제를 허용하는 규정이 없다. 서비스 무역 협정(GATS) 제14조에 공중도덕 보호 등 일반 예외가 있지만 그 원용이 엄격하게 제한된다. 넷째, AI 관련 통상과 안보 지정학이 결합된 새로운 무역 제한 조치가 등장하고 있다. 통상 규범 해석에 무역 자유화와 국가 안보 간 이해가 충돌하면서 국가 간 갈등 요인이 되고 있다.

디지털 통상의 현주소

1995년 WTO 다자 체제가 30년이 넘도록 실질적 개정 없이 유지되는 가운데, 각국은 지역 무역 협정(RTA)과 복수국 간 협상을 활용하여 디지털 통상 관련 규범 공백을 메우고 있다.

지역 무역 협정

2001년 뉴질랜드 · 싱가포르 FTA에 종이 없는 무역 조항이 처음 규정된 이래 전자 상거래 조항이 확산되었으며, 최근에 체결되는 FTA 협정에는 전자 상거래 또는 디지털 통상 관련 별도 챕터를 두는 경향으로 발전했다.

RTA 전자 상거래 규율로는, 첫째 전자 거래 법적 틀(예: 전자 서명, 전자 송장, 전자 지불 등), 둘째 전자 거래 기반이 되는 물리적 인프라 및 ICT 서비스(예: 네트워크 접속, 인터넷 공급자 등), 셋째 국경 간 디지털 전송 및 데이터 이전(예: 통관 절차, 데이터 자유 이동, 서버 현지화 금지 등), 넷째 국내 규제(예: 전자 인증, 소비자 보호, 개인 정보 보호 등)가 포함된다.

미국이 주도한 포괄적 · 점진적 환태평양 동반자 협정(CPTPP)과 미국-멕시코-캐나다 협정(USMCA)이 디지털 통상과 관련하여 가장 진전된 규범을 담고 있다. 우선 CPTPP 제14장 전자 상거래 챕터는 18개 조항을 두었으며, 전자 전송물 무세화, 디지털 제품 비차별, 데이터 이동 자유화, 컴퓨터 설비 현지화 요구 금지, 소스 코드 공개 요구 금지, 플랫폼 사업자 면책 등을 규정했다. 다음으로 USMCA 제19장 디지털 통상 챕터도 18개 조항을 두었으며, 디지털 제품 시장 접근 및 비차별 대우, 전자적 거래 법적 틀, 소비자 및 개인 정보 보호, 인터넷 접근, 데이터 이전 자유화, 사이버 보안, 플랫폼 사업자 면책 등 CPTPP와 유사하면서도 일부 진전된 자유화 규범을 포함했다.

WTO 전자 상거래 복수국 협정

WTO 회원국은 2019년 복수국 협상 방식으로 전자 상거래 공동 성명 이니셔티브(Joint Statement Initiative)를 출범시켰다. 호주, 일본, 싱가포르가 공동 의장국으로 협상을 주도하였으며, 전체 참여국은 세계 무역의 90% 이상을 차지했다. 협상 참여국들이 제출한 제안서를 토대로 통합 협정 문안을 마련하였으며, 전자 상거래 기반, 시장 개방과 전자 상거래, 신뢰와 전자 상거래, 수평적 이슈, 시장 접근 등의 그룹을 나누어 세부적인 문안 협의를 진행했다.

2024년 82개 WTO 회원국이 5년간의 협상 끝에 "전자 상거래 규범 초안"을 도출하였으며, 전자 계약 및 서명, 소비자 보호, 스팸 및 상업적 메시지 제한, 정부 데이터 공개 및 접근, 전자 송장 및 종이 없는 무역, 사이버 보안 및 개인 정보 보호, 전자 지불 및 송금 시스템, 전자 거래 틀 및 인증, 개방형 인터넷 접근, 전자 문서의 법적 효력, 투명성 및 규제 일관성, 단일 창구 시스템, 개도국 지원 등 13개 핵심 분야가 포함되었다(김호철, 2023a).

새로운 통상 협상 의제

AI 기술 혁신 생태계를 존중하면서 신뢰성 및 위험 관리 규제를 합리적으로 유도할 새로운 통상 규범이 필요하다. 각국 간의 상이한 규제적 접근이 통상의 갈등 요인으로 불거지지 않도록 협력 체계를 강화해야 한다. 이러한 차원에서 필자는 아래 네 가지 통상 의제를 중심으로 '(가칭) AX 통상 협상' 추진을 제안한다.

첫째, AI 제품 · 서비스 분류다. AI를 내재한 제품 · 서비스에 대해 기존 통상 규범의 이분법적 규율은 유효하지 않으므로 통합적 접근을 도입해야 한다. 경제개발협력기구(OECD), G7 등 소다자 채널을 통해 AI 제품 · 서비스 개념과 핵심 특징에 대한 주요국 합의를 도출한 다음, 이를 기반으로 관련 국제기구가 공동 참여하는 협의체를 출범하여 세부적인 품목 분류를 논의할 필요가 있다.

둘째, 국제 표준 기반 상호 운용 확보다. AI 제품 · 서비스에 대한 제조사별 기술 기준과 운영 방식이 다르고 각국의 규제 방식도 상이하여 AI 시스템의 상호 운용성 확보에 어려움이 있다. 일례로, 자동차 조립 공장에서 제어 시스템 공급사가 폐쇄형 프로토콜을 설치할 경우 다양한 장비, 로봇 등에 연결된 제어 장치(PLC 등)와 호환되지 않아 공정 자율화에 필요한 장비 데이터를 실시간 확보하지 못할 수 있다. 유엔유럽경제위원회(UNECE), 국제표준화기구(ISO) 등 국제 표준에 합의하고 각국 정부가 반영한다면 상호 운용성을 통한 시장 접근 개선이 가능할 것이다.

셋째, AI 규제의 적법성 기준 마련이다. AI 개발 · 사용 관련 각국 규제권 행사에 대해 국제 사회 협력을 통해 통일된 기준을 마련하고 통상 규범에 반영해야 한다. 디지털 통상 협정의 정당한 공공 정책 목적 예외 조항이 논의의 기초가 될 것이다. 일례로, 환태평양 동반자 협정(CPTPP) 제14.11조는 국경 간 데이터 이전의 허용을 규정하면서, 정당한 공공 정책 목적(LPPO)을 위한 당사국 조치에는 적용되지 않음을 명시했다.

넷째, 기술 안보 체제와의 조화다. 통상 규범은 무역 자유화를 원칙으로 하고 안보 조치를 예외로 두었으나, 기술 통상 시대에 맞춘 유연하고 실용적 접근이 필요하다. 이러한 차원에서 관세 및 무역에 관한 일반 협정(GATT) 제21조 및 서비스 무역에 관한 일반 협정(GATS) 제14bis조의 개정이 필요하다. 일례로, GATT 제21조(b)는 당사국이 자국의 필수적 안보 이익을 보호하기 위해 필요하다고 간주하는 조치를 취할 수 있도록 허용하였지만, 이때 조치국의 자기 판단 범위와 한계가 해석상 불명확하다.

우리의 AI 국가 전략이 글로벌 빅 테크의 초거대 모델 개발을 추격하는 데 치우치다 보면 차별화된 경쟁력을 확보할 수 없다. 우리는 제조와 IT 분야에 강점을 보유하고 있으므로, 주력 수출 제조업에 AI를 접목하여 제품을 지능화하고 제조 공장의 자율화를 확산하여 초격차 경쟁력을 확보하고 이를 통해 글로벌 공급망에서 전략적 우위를 창출하는 데 민관 역량을 모아야 할 것이다(김호철, 2023b).

참고문헌

김호철(2023a). "산업의 디지털 전환, 글로벌 지정학과 통상협상 新의제 검토". 《통상법률》, 158.

김호철(2023b). "인공지능 거버넌스와 통상규범의 과제". 《국제경제법연구》, 21(3).

이승주(2024). "연결성과 무기화된 상호의존: 미중 첨단기술 경쟁을 중심으로". 《통일정책연구》, 33(2).

10
중견국 AI 외교

AI를 둘러싼 미중 경쟁이 새로운 국제 질서를 형성하는 가운데, 중견국들은 다자 연대, 균형 조정, 규범 창출, 기술 협력의 외교 전략으로 전략적 자율성을 추구한다. 우리는 제조 기반 AI 국가 전략과 그에 맞춘 외교적 비전과 정책이 필요하다.

종교와 AI?

AI 국제 정치

한반도 주변의 지정학적 갈등과 군사적 안보 위협이 고조되고 있다. 미국은 한미 동맹, 한 · 미 · 일 안보 공조 등으로 반(反)중국 공급망 연대에 한국을 끌어들이고자 하며, 중국은 미국의 아시아 진출을 견제하기 위해 북한을 자국 영향력하에 두고 한국을 동맹의 약한 고리로 보면서 강온 압박을 펼친다. AI는 미중 경쟁의 핵심 요소로서, 두 나라 간의 경쟁이 기술을 넘어 복합 지정학으로 전개되고, 이에 따라 각국의 AI 동맹 외교와 군비 경쟁이 활발해졌다.

복합 지정학

지금의 AI 국제 정치는 전통 지정학과 달리 복합 지정학 구도다. 기술 경쟁, 플랫폼 경쟁(GAFA vs BAT), 생태계 경쟁(폐쇄형 vs 개방형)이 동시에 벌어진다. AI 기술 경쟁이 규제 경쟁으로 진화하고, 나아가 AI 동맹과 군비 경쟁이 확산되는 양상이다. 일례로, 트럼프 행정부는 중국의 기술굴기 억제를 위해 AI 칩 수출 통제를 강화하는 한편, 초대형 AI 인프라 프로젝트 '스타게이트(Stargate)'를 발표하면서 미국 중심의 AI 생태계 구축에 나섰다.

오픈AI 언어 모델의 1/10 개발비로 유사한 성능을 구현한 중국 딥시크 언어 모델인 'R1' 출시는 미국에 커다란 충격을 주었다. 실리콘밸리는 AI의 스푸트니크 모먼트라고 하면서 AI 업계의 지각 변동을 예고한다. 미국과 중국 간 초거대 AI 플랫폼 선점을 둘러싼 지정학적 경쟁이 격화될 것이다.

AI 동맹 외교

미중 양국이 AI 기술의 안보 담론과 규범 인식에서 대립하면서 AI 동맹 외교가 핵심 전략으로 부상했다. 이 동맹은 기술 공급망을 연결하는 네트워크이며, 동맹 내에 협력과 경쟁이 공존하는 특성을 가진다. 미국은 2020년 글로벌 AI 파트너십(GPAI) 발족 당시 유보적이다가 중국 견제 의도로 가입을 결정했다고 알려져 있다. 중국도 글로벌 AI 거버넌스 이니셔티브(2023.10), 상하이 선언(2024.7) 등 소다자 연대에 나서고 있다.

한편, 복합 동맹 정치를 중심으로 국제 질서가 펼쳐지면 디지털 자원과 기술을 보유하지 못한 국가의 입지는 좁아진다. 과거에는 강대국이 지리적 요충지에 위치한 약소국과 연대하여 다른 강대국을 견제하는 전략을 취하기도 했다. AI 시대 동맹에서는 지리적 중요성이 줄어들면서 강대국-약소국 비대칭 협력이 사라지고, 강대국

-중견국 구도로 재편될 것이다.

AI 군비 경쟁

AI가 미래전의 핵심 전력으로 부상하였고, 미국과 중국 간의 군사용 AI 개발 경쟁이 가속화되고 있다. 신미국 안보 센터(CNAS)는 중국이 군사 지능화를 통해 인민 해방군을 세계 최고 수준의 군대로 만들겠다는 목표를 세우고 있음을 제기했다. AI 군비 경쟁이 재앙적 결과를 초래하지 않도록 하려면, 군사용 AI의 책임 있는 개발 · 활용에 대한 모범 관행 도출과 다자적 규범화가 무엇보다 중요하다.

AI는 또한 핵 문제의 주요 변수로 부상했다. AI와 핵무기 결합(AI-Nuclear Nexus)은 전략적 안정성에 변화를 가져온다. 전략적 안정성은 2차 타격 능력의 구비를 통해 국가 간 상호 취약성이 형성되는 상태를 말한다. AI 기반 감시 정찰 및 분석 능력 향상은 핵보유국의 2차 타격 능력 유지에 위협이 된다. 바이러스나 해킹으로 인한 핵무기 오작동을 차단하고자 경보 즉시 발사를 택할 수도 있다. 2024년 바이든과 시진핑은 핵무기 관련 의사결정에 AI 관여를 배제하기로 합의했다. 핵무기 기반 세계 군사 질서가 AI와 결합하여 새로운 질서로 변화하는 과정에 있다.

중견국 외교 전략

미중 전략 경쟁이 격화되는 가운데, 중견국들은 기술적 자율성과 연성적 권력을 바탕으로 새로운 외교적 전략 공간을 확보하고, 강대국 의존에서 벗어나 연결, 조정, 규범을 통해 중재자 역할을 지향한다.

다자 연대

중견국은 개방성과 포용성을 기반으로 AI 윤리 및 데이터 규범의 다자 협력을 추구한다. 일례로, 경제개발협력기구(OECD) AI 원칙, 글로벌 AI 파트너십, AI 정상 회의, 군사 분야에서 AI의 책임 있는 활용을 위한 고위급 회담(REAIM) 고위급 회의 등은 미들 파워가 주도하는 다자 협의체이며, 아시아태평양경제협력체(APEC), 인도 태평양 경제 프레임워크(IPEF), 포괄적 · 점진적 환태평양 동반자 협정(CPTPP) 등 기존 다자 채널에서도 AI 협력 의제를 다루기 시작했다.

균형 조정

중견국은 미중 기술 분쟁 사이에서 전략적 균형 또는 완

충 역할을 도모한다. 미국과의 안보 동맹을 유지하면서 중국과의 기술 교류를 조정하는 것이다. 일례로, 싱가포르는 중국이 부상하자 미국을 끌어들여 힘을 상쇄하는 헤징·균형 전략을 구사했다. 최근에는 기술 권력으로 성장한 글로벌 AI 기업의 국내 유치에 역점을 둔다.

규범 창출

중견국은 기술 윤리, AI 신뢰성·책임성 등 글로벌 이슈에서 국제적 표준을 제안하고 주도하고자 한다. 유럽연합(EU)의 인공지능법(Artificial Intelligence Act) 등은 자국의 관심 사항인 개인의 디지털 권리를 보호하는 방식으로 글로벌 AI 규범을 주도하려는 포석이다. 뉴질랜드, 칠레, 싱가포르 등 미들 파워가 주도한 디지털 경제 동반자 협정(DEPA)도 디지털 시대에 맞는 다자 무역 플랫폼 창출을 궁극적 목표로 한다.

기술 협력

중견국은 자국의 기술 자원을 활용하여 유사 입장국과의 기술 협력 연대 및 공급망 파트너십을 형성할 수 있다. 한-이스라엘 AI 기술 협력, 한-싱가포르 공급망 파트너십 약정 등이 사례다. 또한, AI 기술 혁신은 국가가 아니라 기술 기업이 주도하기 때문에, 외교적 협력의 주체가 주권국에서 기술 기업으로 점차 확장되고 있다 (Gu, 2023).

우리나라 AI 외교

국제 정치가 강대국 주도로 형성되어 우리나라와 같은 중견국에는 외교적 도전이다. 미국, 중국, EU 간 지정학적 대립과 안보 프레임을 읽고 우리 이익을 지키는 전략적 접근이 요구된다. 우리의 국가 AI 전략과 주요 외교 성과를 점검하고, 이를 토대로 앞으로의 외교적 과제를 짚어 보겠다.

국가 AI 전략

2024년 9월 대통령 직속 국가 인공지능 위원회가 출범했다. 동 위원회는 AI 분야 연구 개발 전략 수립, 인력 양성, 신뢰 기반 조성 등 국가 AI 정책 전반을 심의 · 조정하는 최상위 민관 협치 역할을 수행한다.

제1차 위원회에서 "국가 AI 전략 정책 방향"을 발표했다. AI 3대 강국 도약을 통한 글로벌 AI 중추 국가 실현을 비전으로 하고, 범국가적으로 추진해 나갈 핵심 과제로서 4대 플래그십 프로젝트를 제시했다. 민 · 관 합작 투자로 최대 2조 원 규모의 '국가 AI 컴퓨팅 센터' 구축, 2024년부터 4년간 민간이 AI 분야에 총 65조 원 규모 투자 단행, 국가 전반의 AI 대전환 추진(2030년까지 AI 도입률 산업 75% + 공공 95%), AI 안전 · 안보 역량 조기 확보로 글로벌 AI 거버넌스 주도 등이다.

주요 외교 성과

우리 정부는 2024년 AI와 관련된 굵직한 외교 행사를 서울에서 주최하고 UN 결의안을 주도하면서 AI 다자 무대에서 역할을 확대해 나가고 있다.

5월에 'AI 서울 정상 회의'가 있었다. 2023년 영국 블레츨리 파크에서 개최된 AI 안전성 정상 회의(AI Safety Summit)의 바통을 이어받아 AI 안전성을 강화하면서도 혁신을 촉진하고 포용과 상생을 도모하는 AI 발전 방안을 포괄적으로 논의했다.

9월에는 제2차 AI의 책임 있는 군사적 이용에 관한 고위급 회의(REAIM)를 주최하였고, 61개 참가국은 행동 청사진(Blueprint for Action)을 채택했다. 이는 책임 있는 AI의 군사적 이용을 위해 국제법 준수, 적절한 인간 통제, 신뢰도와 설명 가능성 증진 방안을 구체적으로 명시하였다는 점에서 1차 회의 결과물인 '행동 원칙(Call to Action)'보다 진전되었다.

11월에는 제79차 유엔 총회 1위원회에 우리나라와 네덜란드가 공동 상정한 '군사 분야 인공지능과 국제 평화 및 안보에 대한 함의(Artificial Intelligence in the Military Domain and its Implications for International Peace and Security)' 결의안이 유엔 회원국들의 압도적 지지로 채택됐다.

글로벌 AI 이니셔티브

우리나라는 AI 3대 강국 도약을 통한 글로벌 AI 중추국가를 목표로 한다. AI 외교는 그러한 국가 비전에 맞추어 재구성되어야 한다.

첫째 기술적 자율성 확보다. 국가 전략이 빅 테크 거대 모델 추종보다 응용 모델 개발을 통한 새로운 가치 창출에 맞춰져야 한다. 첨단 기술을 따라가지 못하면 응용도 어렵다는 주장이 있지만, 한정된 자원과 기술로 AI 강국과 겨루려면 우리의 제조 강점을 살려 산업 AI 공략이 바람직하고, AI 공급망을 확보하고 다층적 무역 네트워크를 구축하는 데 집중해야 한다.

둘째 미중 균형 외교다. 한국형 AI 모델을 미중 어느 진영의 플랫폼 및 생태계와 연계할지 문제가 있다. 과거

화웨이 5G 장비 사례에서 보았듯이, 이는 기업의 선택을 넘어 외교 안보 사안이다. 상업적 이익만으로 중국 모델과의 연대로 기울지 않도록 한다. 또한, 미국 주도의 대중국 제재 참여에서도 한국형 신흥 안보 담론의 원칙 정립이 필요하다.

셋째 AI 혁신 규범 주도다. 최근 국회에서 통과된 AI 기본법이 유럽식 규제 모델을 추종하면서 상당한 논란이 있다. 트럼프 2기 행정부도 탈규제를 통해 기술 혁신 진작에 방점을 두고 있고, 기업의 글로벌 진출이 국가 경제 성장에 중요한 우리 실정을 감안할 때 규제보다는 혁신 마인드가 적합하다.

넷째 AI 군비 경쟁에서 한국의 입장을 정하고 중견국 리더십을 발휘해야 한다. 우리 군의 AI 군사 혁신 모델과 미래전 복합 넥서스 전략을 조기 수립하고, 명확한 비전과 전략에서 한미 동맹의 AI 협력을 재구성해야 한다(김상배, 2025).

참고문헌

김상배(2025). "미중 AI 패권경쟁과 한국: 국제정치학으로 본 국가 전략의 방향". 국회 AI 정책 토론회 발제 자료.

Gu, H.(2023). Data Big Tech, and the New Concept of Sovereignty. *Journal of Chinese Political Science, 29.*

김호철

산업통상자원부 지역경제정책관이다. 1999년 공직을 시작해 산업통상자원부, 외교통상부, 재외 공관(제네바, 런던)에 근무했다. 미국 조지타운 로스쿨(LL.M.)에서 공부하고 버지니아주 변호사 자격을 취득했으며, 서울대학교 법학전문대학원에서 박사 학위를 받았다. 주요 저서로는 《기후변화와 WTO: 탄소배출권 국경조정》(2011), 《인공지능 거버넌스》(2024)가 있고, "인공지능 거버넌스와 통상 규범의 과제", "산업의 디지털 전환, 글로벌 지정학과 통상협상 신의제 검토" 등 20편 이상의 논문을 KCI, SSCI 등 국내외 등재 학술지에 게재했으며, 2024년 국제거래법학회 심당학술상을 수상했다.